江小北与龙小山
的
法律学习之旅

环境法

共建地球
绿色家园

主　编｜宋晓丹　刘能斌
副主编｜南　康　梁吴铭　陈泽宇

法律出版社 LAW PRESS · CHINA
北京

图书在版编目(CIP)数据

环境法 : 共建地球绿色家园 / 宋晓丹, 刘能斌主编; 南康, 梁吴铭, 陈泽宇副主编. -- 北京 : 法律出版社, 2023

(江小北与龙小山的法律学习之旅)

ISBN 978 - 7 - 5197 - 7890 - 3

Ⅰ. ①环… Ⅱ. ①宋… ②刘… ③南… ④梁… ⑤陈… Ⅲ. ①环境法学 - 基本知识 - 中国 Ⅳ. ①D922.6

中国国家版本馆 CIP 数据核字(2023)第 073749 号

环境法:共建地球绿色家园
HUANJINGFA: GONGJIAN DIQIU LÜSE JIAYUAN

宋晓丹　刘能斌 主　编
南　康　梁吴铭　陈泽宇 副主编

策划编辑 冯雨春
责任编辑 冯雨春　李　军
装帧设计 贾丹丹

出版发行 法律出版社
编辑统筹 法律应用出版分社
责任校对 晁明慧　王　皓
责任印制 刘晓伟
经　　销 新华书店

开本 710 毫米×1000 毫米　1/16
印张 13　　**字数** 112 千
版本 2023 年 5 月第 1 版
印次 2023 年 5 月第 1 次印刷
印刷 三河市兴达印务有限公司

地址:北京市丰台区莲花池西里 7 号(100073)
网址:www. lawpress. com. cn
投稿邮箱:info@ lawpress. com. cn
举报盗版邮箱:jbwq@ lawpress. com. cn

销售电话:010 - 83938349
客服电话:010 - 83938350
咨询电话:010 - 63939796

书号:ISBN 978 - 7 - 5197 - 7890 - 3
定价:48.00 元

凡购买本社图书,如有印装错误,我社负责退换。电话:010 - 83938349

编委会

（按姓氏笔画排序）

总　序 General Preface

让我们一起开启一场有"yi"的法律之旅吧

一

在法学教育工作中，我们观察到一个现象：孩子们选择法学专业的原因种种不一，但往往有迹可循。

譬如说，有的孩子怀有与生俱来的正义感，在他们朴素却真挚的情感里，法官能够手执天秤，捍卫世间公平正义；律师能够口若悬河，拯救众生于泥淖。当然，在这些孩子眼里，最有光环的还是警察和检察官，他们头顶国徽，一身正气地代表国家除尘涤垢。

另一类孩子却要现实得多。他们或是目睹至亲陷入法律困局而无法自救，或是听闻好友权益受损但不知所措，虽心有戚戚却力有不逮，遂立志精研法律以解心结。还有一些孩子因亲友经商，而近水楼台地窥见了商业运作的真相，他们早熟的规则和权利意识令人讶异。

当然，因为“喜欢”而选择法学专业的才是大多数，只不过喜欢法律的原因富有浓郁的年代气息。40岁左右的法律人，大多是因为港片而初识法律，不少人在入门后方知所要面对的全然不同于港片中描述的那样，电视剧中的法政先锋、律政精英只能停留在儿时的回忆之中。再年轻些的，深受《今日说法》的熏陶，每天午间都有一个离奇、惊悚或唏嘘的法律故事吸引着他们，这些故事来自生活又高于生活，不断刷新着想象力，“诱惑”着他们把法律职业作为毕生挑战。最近这几年，孩子们的答案大多是“罗翔”，不得不说罗翔老师的出圈，推动了中国法治建设，至少是中国法治教育的巨大进步，他荣获“CCTV年度法治人物”，实至名归。

可以说，除了一些“随便”“都行”的孩子之外，学习法学的动机大体可以用有意义、有益处、有意思来概括。

二

2020年9月15日，南京市江北新区少年法学院正式挂牌成立。

如何把少年法学院办好？如何用孩子乐于接受的叙事方式普及法律知识？如何让法律成为孩子的守护神？如何培养孩子的法律思维，让法律像水和空气一样成为日常必需品？这样一个重大且重要的课题摆在了我们面前，我们虽觉责任重大，却又内心雀跃，因为对我们而言，即将开启的是一场有意义、有益处、有意思的青少年普法之旅。

这三年来，我们坚持每天推出“法治小课堂”，定期拍摄法治微视频，为孩子们营造浓厚的法治氛围。我们坚持每个月开展一场德法课师资培训、法治课堂或家长课堂，《宪法》《民法典》《未成年人保护法》《家庭教育促进法》《个人信息保护法》等20多场专题讲座，显著提升了师生的法治素养。我们坚持每年举行一次青少年法治活动，法治故事大赛、模拟法庭大赛、法治书画大赛以及规划中的法治情景剧大赛，覆盖新区所有中小学，孩子们通过沉浸式参赛体验，达到了自我教育的效果。我们坚持每年开展青少年法治宣传教育周、宪法日等活动，让法治节日成为孩子成长道路上的重要印迹。

应当说，少年法学院的工作有声有色，但我们内心总还是有些忐忑：通过几次讲座、几场活动，孩子们真的能准确地理解精深的法律知识吗？课堂和活动的热闹退去，孩子们脑海中的法律知识还能残存几许？高度抽象的法律知识如何映射到日常生活中，孩子们是否能够举一反三，用法律来武装自己？

三

一个偶然的机会，让我们找到了答案，也直接促成了本套丛书的问世。

2021年，我们受邀到一个中学开展法治读书会活动。十几岁的孩子，当然得读青少年普法读物。于是，我们到网上商城选购了一些，翻阅后却发现没有特别合适的读物。有的只是对法律条文进行释义，有的通过百余字的案例来解读法律制度，还有的以绘本形式来迎合青少年的阅读需求。更让我们吃惊的是，不少读物差不多是5到10年前出版的，没有结合法律的修订更新版本。反复比较后，我们选中的是一本少年文学作家写的法律故事书，故事虽然生动，但某些表述并不准确。

这一现状激发了我们调研的热情。

我们发现，中小学《道德与法治》课程中，小学部分涉及

30部法律法规，中学部分涉及50部法律法规、6部条例和司法解释。教材有限的体量，显然无法呈现精深的法律知识全貌。况且，目前中小学使用的人教版《道德与法治》教材是2017年出版的，关于《宪法修正案》《民法典》《刑法修正案》《个人信息保护法》《长江保护法》《家庭教育促进法》《反食品浪费法》等最新立法都无从体现。

同时，我国中小学尚未配备一支具有法律专业背景的德法课教学师资队伍。部分德法课教师对法学基础理论、法律规范内容都是一知半解，在教学过程中经常有想不清、拿不准、说不对的情况，如果学生的提问超出教材范围，教师们往往无法解答，他们迫切需要一套权威、翔实、管用的参考书目。

毫无疑问，编写一套青少年法治教育读物，不仅是一件特别有益的事情，而且是一项有意义的工作。

四

我们在编写前，确定了几个基本的原则。

第一，要融入习近平法治思想、社会主义核心价值观与基础法学理论。本套丛书不仅仅简单地通过案例故事，链接法规法条，讲述行为规范，更注重坚持马克思主义立场观点方法，植根于中华优秀传统法律文化，比较人类法治文明的成果，潜移默化地讲清讲透坚持党的领导、坚持以人民为中心、坚持建设中国特色社会主义法治体系等宏大命题的理论基础和现实意义，深入浅出地阐释依法治国与以德治国、社会主义核心价值观与依法治国的内在统一关系，初步建立学生对法的概念、对象、本质、价值等基础法学理论的直观、形象、科学的认知。

第二，动态呈现最新立法理念和成果。要科学及时地反映中国特色社会主义法治体系建设的最新成果，融入《宪法修正案》《民法典》《刑法修正案》《个人信息保护法》《长江保护法》《家庭教育促进法》《反食品浪费法》等最新法律法规。并以修订本、在线教学资源、视频教学资源等形式实时动态反映立法、执法与司法的最新成果。

第三，贴合青少年现实需求，分类编写系列法律读物。以法学二级学科为主要依据，以与青少年成长密切相关的法律问题为主要内容，第一辑先行编写宪法、民法典、未成年人保护法、环境保护法等分册，并陆续推出刑法、反电信网络诈骗法、行政处罚法、消费者权益保护法以及应对气候变化、公共卫生与自然灾害应急管理等领域的读物。

第四，尊重中小学教学规律，填补青少年法治教育资源空白。在编写中严格遵循教育学、心理学等学科的基本规律，同时依托江北新区少年法学院，对每一章节进行试讲试用，根据课堂教学反馈调整完善，确保本套丛书文字简练、语言生动、贴近生活、故事性强，成为青少年喜闻乐见的教辅读物。

第五，充分吸收中华优秀传统法律文化与人类法治文明优秀成果。出版中华法治小故事和世界法治小故事分册，以中华优秀传统法律文化增强“四个自信”，从人类法治文明的优秀成果中拓展视野，做到包容开放。这也是当前市面所售的青少年法治读物从未有过的尝试。

五

给孩子写的法律书，必须是有趣的。

我们把故事的主人公设置为在江北新区工作、学习的一家四口。

江小北是八年级女生，今年 14 岁，成绩优秀，懂事乖巧，富有正义感和同理心；龙小山是江小北的弟弟，今年 8 岁，刚上二年级，成绩中等，懵懂淘气，富有好奇心和创造力。小山随爸爸姓，小北随妈妈姓。

龙爸爸是一家生物医药公司的首席科学家，今年45岁，兢兢业业，事业处于上升期，对孩子们细致耐心，热心于公益事业；江妈妈是一家电子商务公司的销售主管，42岁，公司的业务骨干，也是孩子们生活和精神上的依赖。

我们身边是不是有很多这样的家庭，甚至我们自己就生活在这样一个温暖的家庭中呢？在他们身上发生的很多开心的事、头疼的事、难过的事，也一定是在我们生活中所经历过的。

但是，无论遇到什么样的事情，你会发现，江小北和龙小山他们一家人只要正确地运用法律武器，就能够保护自己、帮助他人、维护公平正义。他们在法律的学习之旅中不断进阶，法律知识也日益融入他们的日常生活。

相信随着阅读的深入，你会喜欢上这一家人，会为他们的收获而开心，为他们的困难而担心，为他们的烦忧而难过。更重要的是，在这样一段有“yi”的法律旅程中，你也一定能成长为法律知识小达人。

六

最后照例是感谢。

除了有意义、有益处、有意思，“yi”还有很多特殊的含义。

（1）始终如“yi”（一）。本套丛书的问世离不开南京信息工程大学、江北新区综合治理局、江苏博事达律师事务所等单位领导的高度认可，尽管这不能算作任何一家单位的KPI，但他们自始至终给予了最大的人力和物力支持。

（2）深厚情“yi”（谊）。本套丛书的问世得到了很多朋友的无私帮助。江北新区教育和社会保障局、南京信息工程大学附属实验小学、南京建宁中学等诸多单位的志同道合者，为丛书贡献了许多“金点子”，并提供了调研和试讲的机会。常欣妍警务工作室为插图提供指导，丛书中“常警官说”的人物肖像，就来自她的慷慨授权。

（3）仁心胜“yi”（医）。本套丛书能得到法律出版社的青睐，是对我们努力的最大肯定。法律出版社在选题、编辑、设计、装帧、审校各环节无不表现出专业、严谨、细致，确保能高质量地完成。能遇到责编李军，更是我们的幸运，她专业细致的指导，“007”般的在线响应，不厌其烦的答疑，有求必应的反馈，医治了丛书中一个又一个错讹。

（4）坚定不“yi”（移）。编写团队的成员有教师、国家公务员和资深律师。每位编写者都有着繁重的主责主业，拥有着“回报”率更高的工作。但每一个人都不计得失，经常用节假日的时间聚在一起，开展调研和讨论，有始有终，没有一个人中途掉队。法政学院的一些本科生和研究生也参与了故事的创作，可以说他们就是江小北本北和龙小山本山，他们的创新、高效和坚持值得点赞，他们与江小北和龙小山的共同成长必将成为值得珍藏的特殊记忆。

编委会

2023年5月4日

序　言

preface

在我国960万平方公里的广袤土地上，有着无数珍贵的自然资源：它们或是同学们旅游时所目睹的山川名胜，古往今来无数文人墨客在欣赏各种风景中创造了灿烂的诗词名句，它们如今已经成为中华传统文化的重要组成部分；它们或是同学们在烟火日常中品尝到的无数珍馐美味，从云南深山中采集的菌菇、从东南沿海捕捞的海鲜……它们在不同流派厨师灵巧的手中变成各类美食，抚慰人们的心灵；它们或是从三峡大坝一跃而下的湍急水流，带动发电机组，为人们送去万家灯火……这是我们所拥有的无比宝贵的财富，也是我们实现中华民族伟大复兴的中国梦的根基和底气。

这片古老的土地无私地哺育着中华民族，庇护百姓安居乐业，推动文明传承接续。然而，随着科技的不断进步，人类改变自然的能力不断提升，我们对自然的索取超出大自然的承受能力，由此带来了一系列环境问题，如全球气候变化、生物多样性锐减、土地荒漠化等，我们赖以生存的环境迫切需要保护。

其实，我国自古以来就非常重视人与自然的关系，不仅有“天人合一”的思想观念，早期律法中也有禁止滥伐树木等规定。新中国的环境保护工作自20世纪70年代起步，且不断在环境保护工作的探索中刷新对生态环境的认知和理解。党的十八大以来，生态文明建设纳入“五位一体”总体布局，我国的生态环境保护掀开了新篇章。党的二十大报告强调要推动绿色发展，推进美丽中国建设。“两山论”、“双碳”目标、“恢复性司法”、“人与自然和谐共生的现代化”、“人与自然生命共同体”、“共建地球生命共同体”等新理念纷纷出现，这些都是我们对人与自然的关系不断反思和探寻的智力成果，也是我们未来开展环境保护工作的根本遵循。

只有将这些新理念在我们的日常生活中加以贯彻，才能真正实现生态环境质量的根本改善，而这需要建立在环保意识不断提升的基础之上。近年来，持续开展的环保宣传教育工作已使不少同学具备了一定程度的环境保护意识。但新的生态环境问题不断涌现以及现有环境问题尚未得到根本解决的现实告诉我们，加强环保法治教育和提升全民环保意识仍需努力，特别是需要不断创新形式来强化教育效果。你们是祖国的未来，也是环保法治教育的重要主体，以你们喜闻乐见的形式传播生态环境保护法律知识，在你们心中种下绿色的种子，与你们一同为保护祖国的绿水青山作出贡献，是我们写作并出版这本故事书的初衷和动力。

同学们都有自己的理想，也都有自己对环境保护的认识和想法。将环境保护意识与自身的理想有机结合起来，更加有助于这颗绿色的种子在大家心中生根发芽。也许有的同学立志成为动物保护学家，想要拯救流浪动物和野生动物，让稀有物种不再消失；也许有的同学立志成为植物学家，想要帮助植物恢复生机，让大地遍布绿色；也许有的同学立志成为气候学家，帮助人类解决气候变暖问题，让北极熊等极地生物不会无家可归……但是，大家是否想到还有这样一种方式和可能：从事法律职业，运用法律手段更好地保护我们的生态环境。法律不仅可以惩治坏人，也可以成为生态环境保护的利器。以“最严格制度最严密法治”保护生态环境，就是法律面对“如何保护生态”这一时代之问而作出的有力回答。因此，我们进一步希望通过这本故事书，既让同学们树立环保意识，自觉从生活中的小事做起，一点一滴身体力行地保护环境，又能改变对法律的刻板印象，了解法律如何保护生态环境，进而尊法学法守法用法，树立法治观念和法治信仰。

在本书中，同学们将跟随故事的主角——龙小山和他的家人，体验他们生活中经历的各种环境问题，并了解这些问题背后的法律规定及规定的背景和成因。

你可以跟随龙小山去畅游祖国的大好河山，一起拯救误入“陷阱”的鸟儿，一起观察“火红色”的蚂蚁，一起分辨“毒蘑菇”……

你可以跟随龙小山走进他的日常生活，从骑行上学到随手关灯，从纸箱回收到节约用水，了解如何为环境保护贡献力量……

你可以跟随龙小山一起植绿，一起感受误食塑料袋的小猫的痛苦……

我们精心设计了19个有趣的故事场景等待你和龙小山一起经历，期待你和龙小山一起学习环境保护知识，并将这些知识运用到自己的生活中，潜移默化成为习惯。当然，作为法律知识学习书，我们也在每篇小故事后附上相应的法律条文和思考题，希望启发同学们的思考，也期待你们心中同时种下的还有法治的种子，能够指引你们在不久的将来推开法律之门，得以窥见法的奥秘。

人物介绍

江小北（八年级女生，14岁，姐姐，成绩优秀，乖巧懂事，富有正义感和同理心）

龙小山（二年级男生，8岁，弟弟，成绩中等，懵懂淘气，富有好奇心和创造力）

龙爸爸（生物医药公司的首席科学家，45岁，兢兢业业，事业处于上升期，对孩子们细致耐心，热心于公益事业）

江妈妈（电子商务公司的销售主管，42岁，公司的业务骨干，是孩子们生活和精神上的依赖）

目　录

contents

1

我认识了一个新节日

“咔……咔……咔……”龙小山盯着教室墙上的钟，今天的时间过得格外缓慢。

“爸爸待会儿究竟要带我去干什么呢？”龙小山思考着，手里的笔在书上胡乱地“撒欢”，却全然没有注意到老师已经走到了他的身边：“龙小山！你回答一下这个问题。”老师的声音将龙小山不知道飞到哪里的思绪拽了回来，龙小山回答不上来，羞愧地低下了头。

龙小山神不守舍的原因源于早餐时爸爸的一番话。全家人刚坐到餐桌前，爸爸就宣布：“今天你们放学后，我们全家要进行一次神秘活动哦！”龙小山好奇地猜测着“神秘活动”进了教室，他觉得今天的时间过得真的太慢了，他甚至怀疑教室的时钟是不是坏了。

放学后一见到等候着的爸爸妈妈，龙小山就迫不及待地问了一连串的问题："我们的活动是什么？什么时候去？现在就去吗？""就知道你肯定惦记着呢，我们先去接姐姐放学，答案马上揭晓！"妈妈也配合爸爸"卖关子"，这可急坏了龙小山，一路上叽叽喳喳地说个不停。

接上姐姐，爸爸开着车朝目的地奔去。龙小山扒在车窗上，眼睛不眨一下地盯着窗外，超市、游乐园、电影院一个个都过去了……龙小山不禁疑惑地想，这究竟要去哪呢？

很快，车子停下来了！龙小山环顾四周，心想这不就是紫金山嘛。这都傍晚了，还能有什么活动啊？从山脚下往远处望，太阳渐渐西沉，在遥远的天边还有些金色，目光拉回，眼前一下子变得多彩起来，红色的、粉色的、淡紫色的，整片天空就好像洒上了颜料，美不胜收。

龙小山一不小心踩到了一个易拉罐，险些摔跤。"小山和小北快来！"只见爸爸从后备箱里拿出来四副手套和几个大塑料袋，郑重地宣布："今天我们的活动就是——捡垃圾！""啊？"龙小山一下子泄气了，"什么嘛，我还以为是露营呢。"说完气愤地把易拉罐踢飞。"亏我还期待了一天，爸爸骗人！"龙小山觉得很沮丧。

"小山，快跟上，我们出发啦！"龙小山不情愿地走在最后。顺着栈道往前走，龙小山在暮色里也能不断看到木质栈道上零星地“躺”着一些不知名的东西，走近细看，有易拉罐、塑料袋、纸巾……有的还被丢到了栈道旁边的灌木丛里。除自己一家人外，不远处还有环卫工人在收拾这些垃圾。这是龙小山第一次见到游人散去后的紫金山，想起自己上次在这里随手丢掉的一张纸巾，龙小山有些羞愧，看准了一个小罐子收进了垃圾袋中。不一会儿，龙小山又开始嘟囔起来：“可是我也不想来这里捡垃圾嘛，还以为是出来玩的！那些丢垃圾的人干嘛不自己收拾！”

爸爸手脚麻利地捡着垃圾，余光看到了落在最后的龙小山。爸爸等龙小山慢慢靠近，问道：“小山，你知道我们都有什么节日吗？”“这怎么可能难得到我呢？我们的节日有春节、端午节、中秋节、元宵节，对了，还有清明节和重阳节……”爸爸听了，笑着说："这些都是我们的传统节日，但是你知道我们还有其他的节日吗？"龙小山挠了挠头，接着又摇了摇头，姐姐这时也凑了过来，好笑地说："这下难倒你了吧！"然后转头对龙爸爸说："爸爸，我知道，除了我们中华民族的传统节日外，还有很多针对专门问题设置的节日，对吧？"龙爸爸微笑着点点头。这时，龙小山恍然大悟地说："我知道啦，比如，植树节是吗？"爸爸鼓励地看着龙小山说："是啊，小山，植树节是一个法定的环保节日，我们都要进行植树活动对吧？""是的呢，今年的植树节我还和同学们一起种了一棵小树呢。"龙小山说道。

爸爸又接着说："你看，这个节日让大家知道了植树和保护环境的重要意义，对吧？"龙小山点了点头，然后又有疑惑了："爸爸，植树节已经过了啊，那我们来捡垃圾又是为什么呢？"龙爸爸痛快地揭晓答案："今天啊，也是一个环保节日，叫作环境日，它也是法律规定的一个国际通行的节日。设立环境日是因为我们的地球环境在不断恶化，生活环境出现越来越多的问题，我们必须要认真保护我们的环境了。"爸爸指着前面栈道上的一个废弃塑料袋说："你们看，紫金山多漂亮啊，这些垃圾有很多危害，我们作为南京市民，是不是有义务保护美丽的紫金山不被污染呢？"

龙小山用力地点点头，他最喜欢到紫金山玩了，可不能让紫金山变成垃圾场，自己要做一个有责任感的小市民。顿时，地上的垃圾看起来刺眼多了，龙小山捡垃圾的动作也开始变得快了起来。

天色开始慢慢变暗，龙小山发现周围又陆续出现了一些跟他们一家同样装备的人，有爷爷奶奶、叔叔阿姨，还有哥哥姐姐，大家都弯着腰、低着头，默默地捡拾地上的垃圾，龙小山捡垃圾的动作也越来越熟练、越来越快了。看到这一幕，龙爸爸和江妈妈相视一笑，默契地低头捡起垃圾来。

晚霞从天边褪去，月亮悄悄地挂在了天空中，在车中回望夜色中的紫金山，龙小山体会到了一种从未有过的快乐。

常警官说

人类只有一个地球，建设美丽家园是人类的共同追求。保护我们生存的环境，就是保护我们的家园，这是每个公民都应承担的义务与责任。维护良好的生态环境，我们才能喝干净的水、呼吸清新的空气、利用健康的土壤、拥有多样化的物种，人类也才能实现可持续发展。反之，人类就丧失了赖以生存和发展的前提和基础。正如习近平总书记所说的“绿水青山就是金山银山”，保住绿水青山，就能收获金山银山；而失去绿水青山，人类不仅不能实现经济发展，可能还要付出沉重的代价。

工业革命以来，人类对自然索取过度，使人与自然的紧张关系不断加剧，由此产生了震惊世界的“八大公害事件”。经过反思，人类社会开始摒弃“先污染后治理”的发展道路，探寻经济、社会与环境相统一的可持续发展之路。

我国的环境保护自 20 世纪 70 年代起步，短短几十年的时间已经取得了举世瞩目的成就。特别是党的十八大报告将生态文明建设纳入“五位一体”战略布局，将生态文明建设提高到前所未有的高度。通过大力推进生态文明建设，我国的生态环境问题得到了显著改善。

生态文明建设要求全民参与，这就需要大力开展生态环境教育，提升全民的环境保护意识。2014 年修订后的《中华人民共和国环境保护法》专门明确了每年的 6 月 5 日为环境日。这个节日源自 1972 年 6 月 5 日在瑞典首都斯德哥尔摩举行的联合国人类环境会议——人类历史上第一次在国际层面研究保护人类环境的会议。本次会议通过了著名的《人类环境宣言》。经出席会议的代表建议，第 27 届联合国大会确定每年的 6 月 5 日为世界环境日，要求联合国机构、各国政府以及社会团体在每年的环境日前后举行各类环境保护活动。每年的世界环境日均会发布一个主题，也会选择一个国家举行纪念活动。

虽然我国 2014 年才在《环境保护法》中规定环境日，为环境日活动提供明确的法律依据，但事实上环境日活动早在 1985 年就已经开始了。自此以来，我国每年都举行环境日活动，并根据联合国环境规划署确定的世界环境日主题，明确中国的环境日主题（2010 年以来的环境日主题见表 1–1）。

表 1-1　2010～2022 年世界与中国环境日主题

年份	世界环境日主题	中国环境日主题
2010	多样的物种，唯一的地球，共同的未来	低碳减排·绿色生活
2011	森林：大自然为您效劳	共建生态文明，共享绿色未来
2012	绿色经济：你参与了吗？	绿色消费，你行动了吗？
2013	思前，食后，厉行节约	同呼吸，共奋斗
2014	提高你的呼声，而不是海平面	向污染宣战
2015	可持续消费和生产	践行绿色生活
2016	为生命呐喊	改善环境质量，推动绿色发展
2017	人与自然，相联相生	绿水青山就是金山银山
2018	“塑战速决”	美丽中国，我是行动者
2019	空气污染防治 （中国主办本年度世界环境日）	蓝天保卫战，我是行动者
2020	关爱自然，刻不容缓	美丽中国，我是行动者
2021	生态系统恢复	人与自然和谐共生
2022	只有一个地球	共建清洁美丽世界

开展环境日活动，对教育和督促公民提高环境保护意识具有不可替代的意义。作为新时代的中国公民，应当树立环境保护意识，自觉履行环境保护义务，厉行绿色低碳的生活方式和消费模式。

法条链接

《中华人民共和国宪法》

第九条第二款 国家保障自然资源的合理利用，保护珍贵的动物和植物。禁止任何组织或者个人用任何手段侵占或者破坏自然资源。

第二十六条 国家保护和改善生活环境和生态环境，防治污染和其他公害。

国家组织和鼓励植树造林，保护林木。

《中华人民共和国环境保护法》

第六条 一切单位和个人都有保护环境的义务。

地方各级人民政府应当对本行政区域的环境质量负责。

企业事业单位和其他生产经营者应当防止、减少环境污染和生态破坏，对所造成的损害依法承担责任。

公民应当增强环境保护意识，采取低碳、节俭的生活方式，自觉履行环境保护义务。

第十二条 每年6月5日为环境日。

延伸思考

1. 下一个环境日，你想如何度过？

2. 你是否参加过环境保护公益活动？具体是什么活动？在这些活动中，你都有哪些收获？试着跟同学们分享一下吧。

2

享受阳光是每个人的权利

“爸爸，爸爸！你看外面的风景真好！哇哦！”龙小山兴奋地在餐厅跑来跑去。这是一家位于摩天大楼48层的云端餐厅，放眼望去，城市美景尽收眼底。向远处眺望，新城区密布的摩天大楼撑起了城市的天际线，展现着现代科技感，更远处连绵起伏的翠色山脉给人一种愉悦感。

“爸爸，我们以后每天都来这里玩好不好！”龙小山向爸爸撒娇道。

“哪里是来玩的！我们今天是去看望外公、外婆的，这不因为外婆家边上新开了这个商业中心，我们才顺便来体验一下，哪有天天来的道理。”龙爸爸断然拒绝了龙小山的请求。

“哼，没意思！爸爸就是个小气鬼。”龙小山不满意了。

一家人吃完饭，又欣赏了一会儿美景，便直奔外公、外婆家而去，准备陪老人家度过一个愉快的周末。

“外婆！我来看您啦！”未见其人先闻其声，隔了老远，龙小山就用大嗓门敲开了外婆家的门。

“来啦！快进来，快进来！”外婆热情地欢迎龙小山，“今天晚上可要住在外婆家哦！”

“好嘞！”龙小山快乐地答应。

“你们坐一会儿，我去给你们铺被子！”外婆应着龙小山，家务事却一刻也没停。

“妈，你别忙了，我来帮你弄！”江妈妈赶忙放下东西去帮外婆忙活。

“哎呀！你看看，这被子又没晒透，你说这可咋办呐，这晚上睡得肯定不舒服。哎，自从小区对面那个大楼建好以后啊，我们这边的太阳被挡得厉害，你爸在院子里养的花花草草也蔫了，我这衣服晒不干，被子也晒不透，你说可怎么办才好哦！唉，烦人呐！老了老了，腿脚不利索，只能住一楼，前几年还挺好，谁曾想对面那楼一建，可太影响人生活咯！”外婆的抱怨声从小院子里传过来。

龙小山好奇地从客厅蹿到了院子里，果然，昔日阳光灿烂的小院子被不远处的大楼遮了个严严实实，再也没有温暖的阳光。

“外婆，那个大楼挺好的，我中午还在上面吃饭呢，那里的食物可好吃了，周围也好看！能看到好远好远的地方，有趣极了！”龙小山被中午餐厅的美景“收买”了，还在为伫立在眼前的大楼辩解着。

“我的小宝贝，有了它，你今天晚上睡觉的被子都不暖和咯！你不是最喜欢被子被太阳晒过的味道嘛？现在可闻不到咯！你看看院子里你外公那些花花草草，现在都蔫了吧唧的，耷拉着垂在那里，你外公可气死咯，那盆兰花他尽心伺候了好几年，宝贝一样供着，现在你看看呢，都要养不活啦！这花花草草晒太阳就好像人要吃饭，你看那么大一栋楼在那里，不给它吃饭了，它能好嘛！唉……”说起这楼建起来的坏处，外婆的嘴就像开了闸的洪水，一二三四五，一下子列举了它的种种罪状。

“你别说咯！就你话多，那楼就矗在那儿，你能给它搬走啊？你都抱怨多久了，能咋办嘛。”外公适时地打断了外婆的长篇大论，“没办法啊，没办法！现在城市发展这么快，咱这是老小区，你就忍忍吧。你天天抱怨得我耳朵都起茧了！”

外公、外婆一边拌着嘴，一边娴熟地处理着家务活，就留下龙小山还呆呆地站在院子里看着不远处刚刚带给自己快乐的高楼。

“妈妈，没有阳光真的会有这么多麻烦吗？”龙小山不解地问道。

“傻孩子，这你还要问吗，万物生长靠太阳，没了它当然不方便咯，别的不说，今天晚上你盖的被子可就再没小时候舒服了！”江妈妈回答道。

“可是，那栋大楼里也真的很好玩啊！没想到外公、外婆这么讨厌它。我还是很喜欢它的嘛。”龙小山略有些委屈地说道。

“小山啊，你站在大楼窗户边看远处的时候，有没有看看大楼底下被挡住的矮房子？”妈妈反问道。

“没有诶。”龙小山沉默了一下。

“所以啊，就像你看远处的风景忽视了大楼底下的小区一样，这栋大楼的建成纵然有很多好处，但总归对近在咫尺的外公、外婆的生活是有影响的。享受阳光是每个人必然的权利呀！这栋大楼侵犯了外公、外婆的权利，影响了他们的生活，纵然它有一千个、一万个好处也不能改变这个事实。”江妈妈耐心地向龙小山解释道。

“原来是这样嘛……”龙小山沉默地低下了头，“那有什么可以重新让阳光照到外公、外婆家的方法吗？”

“目前看来是没有哦！只能说外公、外婆为了城市的发展做出了一定的牺牲。不过你好好学习，以后说不定就能解决这个问题哦！”妈妈略显无奈地摇了摇头。

龙小山看着不远处的大楼，反复地想着妈妈说的那句话：“享受阳光是每个人的权利。”

常警官说

随着城市的快速发展，基础设施建设也在不断提速。城市里出现越来越多的高楼大厦，不仅提高了土地利用效率，也带来了很多的风险。这些高楼的开发商和使用单位与周围居民之间往往容易产生法律纠纷，主要集中在通行、通风、采光等方面，我们这个故事中涉及的就是采光问题——高楼遮挡了周边居民楼的采光，侵犯了居民的采光权。

采光，即享受阳光，是每个人都享有的权利，而且是我们作为人享有的必要的、基本的对环境进行利用的权利，不得随意侵犯。之所以说采光权是人的基本权利，其原因在于阳光对人的生存与发展是至关重要的。首先，阳光的照射会引起人体内的各种光生物学反应，有利于提高人体免疫力；其次，晒太阳有助于补充维生素 D，可以降低心脏病、脑梗等疾病的发病率；最后，阳光可以改善心理和情绪，促进体内血液循环，让人心情愉悦。而自然采光对居民的生活也产生重要影响。一方面，自然光可以改善室内环境，有助于人们特别是老年人的身心健康；另一方面，自然光有利于低碳节能，节约生活成本，减少资源浪费和环境污染。所以，通过合理的城市建设规划增加建筑物日照时间也是一种节能方式。

新建的高楼之所以会侵犯周围居民的采光权，其原因主要是城市规划不合理或者开发商违规建设。在法律层面，采光作为一种权利，属于环境权的一种，即采光权，也称日照权或阳光权，简言之，是不动产的所有人或使用人所享有的获取和利用阳光的权利。采光权通过《民法典》予以确认和保护，实践中也有相当数量的采光权案例通过诉讼程序予以解决。但是，要减少因采光而产生的法律纠纷，就必须注重事前预防。一方面，要在充分听取意见的基础上，科学、合理地确定符合城市特点且具有前瞻性的城市规划；另一方面，房地产开发商也应增强责任意识，严格按照法定条件、要求和程序进行房地产开发，不得随意侵害周边居民包括采光权在内的各类权利。

法条链接

《中华人民共和国民法典》

第二百九十三条　建造建筑物，不得违反国家有关工程建设标准，不得妨碍相邻建筑物的通风、采光和日照。

《城市居住区规划设计规范》

第 5.0.2.1 条 住宅日照标准应符合表 5.0.2-1 规定；对于特定情况还应符合下列规定：

（1）老年人居住建筑不应低于冬至日日照 2 小时的标准；

（2）在原设计建筑外增加任何设施不应使相邻住宅原有日照标准降低；

（3）旧区改建的项目内新建住宅日照标准可酌情降低，但不应低于大寒日日照 1 小时的标准。

表 5.0.2-1 住宅建筑日照标准

建筑气候区划	Ⅰ、Ⅱ、Ⅲ、Ⅶ气候区		Ⅳ气候区		Ⅴ、Ⅵ气候区
	大城市	中小城市	大城市	中小城市	
日照标准日	大寒日			冬至日	
日照时数（h）	≥2	≥3		≥1	
有效日照时间带（h）	8～16			9～15	
日照时间计算起点	底层窗台面				

注：①建筑气候区划应符合本规范附录 A 第 A.0.1 条的规定。

②底层窗台面是指距室内地坪 0.9m 高的外墙位置。

延伸思考

1. 你们家是住楼房吗？住在几楼？是否曾遇到过和龙小山外婆家类似的问题？

2. 法律为什么要保护每个人享受阳光的权利？你认为应该如何保护？

3

植绿正当时

妈妈今天意外地晚了一点来接龙小山放学。等妈妈赶到学校门口，龙小山正对着校门口那棵高大的香樟树发呆，连妈妈走近也没有发现。

妈妈轻轻地拍了拍龙小山的肩膀，龙小山被吓了一跳。转头看到妈妈，小山叫道："妈妈，你可算来啦！"

龙小山跟着妈妈走着，心里还是牵挂着那棵树，问道："妈妈，你知道我们学校那棵大香樟树长那么大需要多长时间吗？"妈妈看向龙小山："啊？我也不清楚，几十年？搞不好上百年也有可能，那棵树的树干看起来有几个人合抱那么粗。"龙小山惊异地看着妈妈："要那么久啊。"上了车，龙小山告诉妈妈："老师说明天是植树节，要带我们在学校植树，让我们准备好工具，我明天要负责挖树坑。妈妈，回家后你要给我准备工具哦！"妈妈点了点小山的鼻头，笑着说："保证完成任务。"

三月初，乍暖还寒。路边的树最有生机，新叶争先恐后，能出现的地方都遍布了它们的身影，有的和残留的树叶一起享受温柔的阳光；有的则和伙伴们一起在春风中舒展枝叶。傍晚的风一吹过，它们都活跃了起来。

第二天，龙小山扛着妈妈给他准备的铁锹进了学校。

等待的时间似乎很漫长，但又潜藏着欢欣与喜悦的期待。终于等到了班会课，班主任小师老师带着同学们来到校园的绿化角，龙小山眼尖地发现小树苗已经安安静静地躺在地上了。龙小山按照老师的安排带着他的铁锹到了指定的地点，然后默默地在心里复习了一下要领，开始左一铲、右一铲地铲起土来。只见他弯着腰，双手紧握铁锹，脚也放在铁锹上一起用力，显得很是专业。原来，植树前小师老师专门用一节课的时间给大家讲解要领、方法和注意事项，还做了现场的模拟示范，昨天龙小山又在电话视频里向爷爷请教了铁锹的使用方法，现在可是学得有模有样呢。随着一锹又一锹的泥土被龙小山挖出来，汗水也渐渐从他的额头沁出来。

终于挖出了一个成型的坑，他一抬头发现同桌已经拎着一桶水过来了。于是龙小山比对了一下树苗的根系大小，又对土坑进行了形状的修整，和同桌一起把树苗搬过来，让同桌把树苗扶正，龙小山又一锹一锹地将挖出来的泥土填回坑中，随后将泥土踩实，用同桌拎来的水浇灌。浇水可以让泥土与树苗的根系更紧密地贴合，这是小师老师在之前的课上教给他们的。

大功告成！龙小山绕着种好的小树苗转了两圈，转头看见同学们在老师的指导下也都忙活得差不多了，植树活动接近尾声。小师老师欣喜地看着同学们种好的树苗，让同学们排好队，说道：

“今天让同学们来植树，并不仅仅是因为植树节，也是想让你们感受一棵树的成长，你们今天种下了小树苗，以后它们就会长成参天大树，为我们和我们的后代遮风挡雨、消纳污染。树木在自然界、在我们的生活中都是非常重要的一部分。同学们，你们知道树木对我们的生活有什么好处吗？”

同学们叽叽喳喳讨论起来，不时可以听见“减少温室气体”“乘凉”“呼出氧气”等答案。小师老师点点头：“你们说得都对。除此之外，树木还可以防风固沙，如果一个地方的植被少，就容易沙漠化，导致生存环境恶劣。”小师老师说到这里顿了顿：“刚刚有同学说乘凉，是对的。树木可以降低温度，提高湿度，30 度的温度可以降到二十几度呐。老师小的时候，傍晚都是在树下竹床上纳凉，听着大人聊天就睡着了。而且，树木还能减少噪声污染，可以让我们的学习和生活都更加舒心。”

同学们听了若有所思，看看自己刚刚栽种下的树苗在风中摆动，心中也种下绿色的种子。春日里，植绿正当时。

常警官说

植树造林，功在当代，利在千秋。生态问题的解决，离不开森林资源面积的增加和质量的提升。森林资源在涵养水分、防止水土流失、防风固沙、应对气候变化、改善人居环境、提供生存条件等方面具有不可替代的作用，是稳定的地球生态系统中不可缺少的重要组成部分。森林生态环境的改善，除林木自身的繁育外，人工造林和植树也具有积极作用。

植树作为一种重要的环保活动形式，在各国均根据实际设立了相关的节日予以提倡。根据时间长短，可以分为植树日、植树周和植树月。中国人很早就有了朴素的环保意识，表现在古代就有清明时节插柳植树的传统。为了更好地推进植树造林活动，提升全民环保意识，激发公民参与热情，我国也设立了以植树为主题的环保节日——每年的 3 月 12 日就是植树节。之所以确定 3 月 12 日为植树节，既有植树适宜时节的考虑，也是为了纪念伟大的革命先驱孙中山先生。我国近代最早提倡植树造林的就是孙中山先生。在凌道扬等学者的倡议下，最早以清明节作为植树节；1928 年，为纪念孙中山先生逝世三周年，将植树节改为 3 月 12 日；新中国成立后，1979 年第五届全国人民代表大会常务委员会第六次会议决定将每年的 3 月 12 日确定为植树节；新修订后的《中华人民共和国森林法》自 2020 年 7 月 1 日起施行，其中明确每年的 3 月 12 日为植树节，该节日正式被写入法律。

正如习近平总书记在历次参加义务植树活动中指出的，植树是每个公民应尽的法定义务。参加植树活动，着力美化环境，培育森林资源，推进国土绿化，是建设美丽中国的重要内容。中国自古以来就有“前人栽树，后人乘凉”之语，作为当代人，我们应当增强环保意识，“爱绿植绿护绿”，一代一代植树下去，让我们生活的环境覆盖更多的绿色。

法条链接

《中华人民共和国宪法》

第二十六条第二款　国家组织和鼓励植树造林，保护林木。

《中华人民共和国环境保护法》

第三十五条 城乡建设应当结合当地自然环境的特点，保护植被、水域和自然景观，加强城市园林、绿地和风景名胜区的建设与管理。

《中华人民共和国森林法》

第十条 植树造林、保护森林，是公民应尽的义务。各级人民政府应当组织开展全民义务植树活动。

每年三月十二日为植树节。

第十二条第二款 教育行政部门、学校应当对学生进行森林资源保护教育。

第四十二条 国家统筹城乡造林绿化，开展大规模国土绿化行动，绿化美化城乡，推动森林城市建设，促进乡村振兴，建设美丽家园。

第四十三条第一款 各级人民政府应当组织各行各业和城乡居民造林绿化。

延伸思考

1. 你们学校在植树节举办过什么活动吗？你参加过植树活动吗？

2. 除了参加植树活动之外，作为中小学生，你认为还可以从哪些方面保护我们的森林资源？

4

没有光亮的一小时

“3—2—1—关灯咯！”随着手表上的分针准确地停在了刻度6上，爸爸关上了家里的最后一盏灯。这是姐姐江小北一项特殊的家庭作业：参与今天的地球熄灯一小时活动。

“姐姐，什么是地球一小时啊？”龙小山好奇地问道。

“地球一小时就是像现在这样呀，熄灯一小时，应该是为了省电吧！”姐姐显然也有些不明所以。

“我们点一根蜡烛吧！不然这一个小时也太无聊了，天呐，就好像回到了原始社会，不能看电视、不能开空调、不能用电热水壶……啥都不行！”龙小山有些不满地抱怨道。

“蜡烛来啦！”“咚！”随着爸爸声音一同传来的还有一道结实的撞击声。

“你没事吧？要不开个灯看看？”妈妈关心地问道。

“没事没事，这才几分钟呢，你这算作弊哦！”爸爸回答道。

随着一声打火机的轻响，一束火苗从爸爸手中魔术般地跃起，轻轻地“拍了拍”灯芯，光洒满了整个房间。

“我来给你们讲个故事吧！从前有位禅师，他给了三位弟子每人十文钱让他们……”

“爸爸别讲了，这个故事你还讲过苏格拉底版本、韩愈版本……”龙小山已经预感到了爸爸接下来的话题，急急忙忙地打断道，“为什么姐姐会有这么奇怪的作业呢？”

“嘿……”被打断的爸爸讪讪一笑，“龙小山你觉得为什么我们要熄灯一小时呢？”爸爸没有直接回答龙小山的问题，而是反问了他。

“我想应该是为了节约用电吧！”龙小山思索了一下回答道，“可是仅仅省电一小时好像也没什么用哦！”

“不能这么说，龙小山！”爸爸反驳道，“这是一个很有意义的活动哦！你想想，这个时候在这个城市里，还有好多人和我们一起关灯一小时，在黑暗中像我们一样，一家人坐在一起聊聊天。如果今年有一个人站在太空中，因为时差的存在，他就会看到全球各个地方的城市依次接力暗下去，不觉得这样很浪漫吗？这是不是就叫生活的仪式感？”

“啥仪式感？”龙小山似懂非懂地挠了挠头。

“就好像，今天我们参与了这个活动，告诉你要记得随手关灯，节约用电。你以后也许在某一天出门前，就能特地回忆一下自己有没有关掉房间里的灯。仪式感就是帮助你记住生活中平凡的事的行为。”爸爸小小地举了一个生动的例子，“生活一定要有仪式感哦！”

“爸爸，你说我们为什么要如此大费周章地用这种方式省电呢，我觉得平常记得随手关掉就好了呀！”姐姐提出了新的疑问，“再说了，我们历史老师上课说人类对电力的应用是第二次工业革命的开始，是人类文明进步的象征，为什么这种进步还要进行限制呢。”

“喔，江小北你这个问题很深刻啊！”爸爸感叹了一下，“给你们分享一段话哦！‘我们冒着极大的危险竭力把大自然改造得适合我们心意’，‘但真实情况是，大自然不是容易被塑造的’。这是美国一位生物学家在一本名为《寂静的春天》的书中写到的。”

“江小北，你对这句话是怎么理解的？”爸爸端了端身子，严肃地问道。

“也许作者想要谴责人类对大自然的影响？”江小北不确定地回答道。

“是这样的呀，你刚刚说了人类对于电力的应用是一种技术进步。这仅仅是人类技术进步的一部分哦！从人类的祖先学会使用工具开始我们就一直在改造自然，从我们学会使用青铜器、铁器，到后来人们发明了蒸汽机，发明了电机，一直到今天技术在飞快地发展着。在那个青铜器和铁器的时代，愚公移山是用以彰显人类勇气的神话；但是到了现代，愚公移山只是我们形容坚持有毅力的一个词语。在技术进步的过程中，在语词使用的变化中，一种对自然的敬畏悄悄地被抹去了。爸爸不是专业的研究人员，不知道海平面上升的具体数字会对我们生活产生的影响，对于全球气候变暖的认知也只停留在现在的气温和极端天气，但是有一件事我是知道的，人类永远都不能失去敬畏之心。”爸爸很认真地回答道。

“爸爸，什么是敬畏啊？”龙小山有些不解与困惑。

“举个例子吧，你今天不擅自拿你姐姐的文具，而是老老实实地找姐姐借，并且和姐姐说谢谢，这就是一种最简单的人与人之间交往的敬畏，现在我们在做的，就是人对自然的敬畏。也许你现在还理解不了，但你可以简单地把它视为是一种对自然的尊重。以后，随着你知识的增长和积累，你就会对它有更多的认识！”

在蜡烛微弱的灯光中，龙小山似懂非懂地点了点头。

在一家人的围烛夜话中短短的一小时很快过去，当一缕青烟从蜡烛上出现，刺眼的灯光再次铺满了家里的每一个角落，家里又恢复了往常的明亮。只是在龙小山和江小北心中已然种下了一颗绿色的种子。

常警官说

从我们认识这个世界开始，大家可能或多或少地意识到我们的生活离不开电。从早上睁开眼一直到夜晚关灯睡觉，人的一天基本上都是与电相伴的。电力是人类伟大的发明，是人类文明进步的象征。电力的广泛应用开始于第二次工业革命。在现代社会，电为人们的生活带来光明和便利，电力已经成为人类生存和发展依赖的一种资源。

电力并非直接取自于自然，我们需要借助技术利用能源发电。不可再生能源中的煤，可以进行火力发电；可再生能源中的光能、风能、太阳能等，也都可以发电。但是目前电力来源结构中，最主要的还是火力发电，这种发电形式占据总发电量的70%左右。① 这是我们用电时不可忽视的事实。但煤炭是不可再生资源，火力发电必然会加剧资源短缺，产生污染，如大气污染、水污染和热污染等。除了火力发电外，我们现在常见的电力来源还有水力发电。水力发电虽然不像火力发电那样带来多种污染问题，但也会造成生态破坏，对生物多样性造成威胁等。在我国，电力行业的能源结构对煤炭等不可再生能源的依赖程度过高，而可再生能源的比重过低，可再生能源在电力行业未得到充分利用。

---

① 2022年，我国火力发电在总发电量中的占比为69.77%，首次降至70%以下。参见《祝贺！2022年，我国火力发电装机量占比降至52%，火力发电量占比跌破70%》，载新浪网，https://finance.sina.com.cn/wm/2023-02-09/doc imyfawec3068153.shtml。

能源短缺问题关系生态安全乃至国家安全。解决能源短缺问题要求我们，一方面扩大可再生能源在电力能源结构中的占比，另一方面要提高环保意识，节约用电，追求绿色、低碳、节能的生活方式。绿色、低碳和节能并不矛盾，共同指向的是低消耗、低污染、高资源使用效率的生活和消费模式，不因便利而浪费资源，而是通过节能来减少能耗，减轻污染，实现绿色低碳发展。这就要求我们在日常生活中，树立节能意识，从我做起，从小事做起。让我们一起节约用电，保护环境，保护我们赖以生存的地球。

法条链接

《中华人民共和国环境保护法》

第六条　一切单位和个人都有保护环境的义务。

地方各级人民政府应当对本行政区域的环境质量负责。

企业事业单位和其他生产经营者应当防止、减少环境污染和生态破坏，对所造成的损害依法承担责任。

公民应当增强环境保护意识，采取低碳、节俭的生活方式，自觉履行环境保护义务。

《中华人民共和国节约能源法》

第三条 本法所称节约能源（以下简称节能），是指加强用能管理，采取技术上可行、经济上合理以及环境和社会可以承受的措施，从能源生产到消费的各个环节，降低消耗、减少损失和污染物排放、制止浪费，有效、合理地利用能源。

第四条 节约资源是我国的基本国策。国家实施节约与开发并举、把节约放在首位的能源发展战略。

《中华人民共和国大气污染防治法》

第七条 企业事业单位和其他生产经营者应当采取有效措施，防止、减少大气污染，对所造成的损害依法承担责任。

公民应当增强大气环境保护意识，采取低碳、节俭的生活方式，自觉履行大气环境保护义务。

《中华人民共和国电力法》

第五条 电力建设、生产、供应和使用应当依法保护环境，采用新技术，减少有害物质排放，防治污染和其他公害。

国家鼓励和支持利用可再生能源和清洁能源发电。

《节约用电管理办法》

第十一条 电力用户应当根据本办法的有关条款，积极采取经济合理、技术可行、环境允许的节约用电措施，制定节约用电规划和降耗目标，做好节约用电工作。

延伸思考

1. 我们的生活中还可以通过哪些行为节约用电？

2. 请进一步思考，我们的日常生活中还有哪些方面可以节约能源？

5

浪费粮食可耻

春天来了，天气暖和起来，学校也确定了春游的日子，要让小朋友们感受春天的气息，拂去冬天的寒气。龙小山心情很激动，虽然已经有了几次和老师、同学们一起春游的经历，但每到此时，他总像第一次春游那样异常兴奋。

放学之后，龙小山急急忙忙地和同学们一起到校门口，一看到爸爸，就迫不及待地大声宣布了明天要去春游的消息，然后跟爸爸说想去超市买些零食明天带去，心里想着爸爸妈妈让他少吃的糖果、薯片、辣条。龙爸爸一想觉得春游带些零食也合理，接过龙小山背上的书包，说着："行啊，爸爸带你去，想买什么自己选。"

龙爸爸和龙小山回到家里却被妈妈批评了一顿。江妈妈看着这一大一小，手里拎着大包小包的零食，说道："你们两个还真是不长记性，年年跟你们说，春游我会准备吃的，年年都要去买这些零食……"接下来就是一些龙小山已经能够背下来的"零食不健康，都是添加剂，小朋友还在生长期应该少吃”之类的话语了。

虽然妈妈念叨着他们俩，也还是在龙小山做作业的时候往他书包里装了一些零食，又贴心地准备了一些寿司、三明治和洗干净的水果。第二天又特意叮嘱小山：“要先吃寿司、三明治、水果，再吃零食。”妈妈心里想的是，等吃完主食和水果，应该也吃不下多少零食了。

被龙爸爸送到校门口，龙小山今天进学校的脚步格外轻快。走到一半就遇到了同桌施文文，和施文文聊着今天要去的地方是学校附近的陇望山。施文文说去年他和哥哥一起爬过这座山了，上面树很多，他和哥哥两个还用布条做了一个很简易的秋千，不过没荡几下就坏掉了。说着就来到了教室，很多同学已经到了。进到教室里就听到同学们“嗡嗡”的交谈声，有人在聊今天带了什么吃的，有人说着今天不用上课了好开心，也有人聊着昨天晚上作业有道题不会写……

时针今天好像走得有些慢，同学们望着时钟，终于轮到了他们的班级。同学们排着队朝外走，老师在旁边敦促他们排成两队，不要三人成行。龙小山赫然是其中一员，挤在施文文和姜小禹之间，说自己昨天去超市买了辣条和薯片，姜小禹连忙说自己也带了，姜小禹的妈妈在学校门口开了一家小卖部，姜小禹经常在学校里分享零食给龙小山。施文文说妈妈给自己烤了饼干，还做了小蛋糕。表示可以一起吃。他正想从口袋里掏出雪花酥，就看见龙小山被老师拉到他俩后面去了，并说："好好排队！"三个人迅速噤了声。

阳光照耀在他们身上。虽然山并不算高，但爬山还是让龙小山又热又累，终于爬到了山顶，老师让他们在附近自由活动。龙小山和施文文、姜小禹一起找了块空地，铺了一次性的桌布，三个人坐了下来，一股脑把书包里的东西都倒了出来。龙小山热得脱了外套，喝了一些水，将水果拿出来一起吃。吸取了前两年的教训，龙小山决定先吃零食，不仅吃自己带的零食，而且交换着吃施文文、姜小禹带的食物，不一会就已经吃了七八分饱。拿出寿司的时候肚中容量已不剩多少，吃了几块问问小伙伴，施文文也吃不下，姜小禹勉强吃了一块。

龙小山看看还有一整盒的小三明治，心中有些慌了："这下完了，我妈让我先吃三明治，要是回去看我没吃完肯定又要批评我了。"施文文说："要不你吃不下的食物回去的时候偷偷倒在垃圾桶里？这样你妈妈就不会发现了。"龙小山听了心中一动，刚想说话，姜小禹红着脸开口了："施文文，这样是不是不太好呀？不能浪费粮食啊。"停顿了一下，又说道："老师不是教我们，'锄禾日当午，汗滴禾下土，谁知盘中餐，粒粒皆辛苦'嘛？"施文文听了也涨红了脸，嘴上说："我奶奶总跟我说，吃不完就算了，不要撑着自己。而且我们家的狗狗会吃剩下来的饭。"龙小山此时也感到好像不对，望着饭盒里剩下的几块寿司，妈妈做的寿司很好吃，觉得扔了也很可惜，说：“施文文，你也说了剩下的饭你们家狗狗会吃，我把寿司扔了好像真的不太好。”

三个人一时无言，恰好老师经过，听见龙小山说的最后一句话。走过来，看看他们，说道：“同学们，不可以浪费粮食哦！”说着也顺便坐了下来：“你们知道吗？以前我们国家还有很多人吃不饱饭的，后来袁隆平爷爷努力研究水稻，终于研究出了能让我们全部人都吃饱的稻种。所以在袁隆平爷爷去世的时候，大家如此感怀，是他让中国 14 亿人过上了能吃饱饭的日子。”龙小山点点头：“我记得，那时候妈妈也很难过。”老师接着说道：“而地球有 80 亿人口，还有很多人吃不饱饭，那是因为资源是有限的，我们种植粮食的土地是有限的，要想一代一代地生存下去，就要学会充分利用有限的资源。杜甫有句诗写道，‘朱门酒肉臭，路有冻死骨’。警示我们，如果我们浪费了粮食，那么就会有人在某个角落里饿着肚子。”

龙小山听了说："老师，我知道了，我现在能吃饱，因为别人没有浪费我的那一份，我也不能让别人饿肚子！"姜小禹也点点头说："我也不会浪费粮食的！我跟我爷爷插过秧，真的很辛苦！"施文文也怕落后了似的，说："老师我也不会浪费粮食的！浪费粮食真是太可耻了！"

龙小山向老师道出了自己的难题，老师建议他们可以去玩一会，过一会儿再吃，还吃不完的话可以分享给其他的同学。

老师走后，龙小山和施文文、姜小禹一起到周边去玩，空气中弥漫着泥石草木的味道，他们跑着玩游戏，太阳也在空中"遛弯"，树叶的影子渐渐到了他们铺的餐布上。光影闪烁间，他们餐布上剩下的食物仿佛也在说着，浪费可耻啊。

常警官说

同学们，你们非常幸运地生活在一个物资丰富的年代，不缺吃喝，各种食物应有尽有，尤其是生活在城市里的孩子们，很少能体会衣食短缺的困苦。这就导致很多孩子不仅平日里挑衣挑食，更有甚者，不懂得珍惜，不了解农民的辛勤付出，不知道粮食来之不易，觉得任何食物都唾手可得，理所当然。虽然很多同学自小都背过“谁知盘中餐，粒粒皆辛苦”的诗句，却很难用在自己身上和生活中。

我国是一个发展中农业大国，用有限的耕地养活十几亿人殊为不易。经历过三年自然灾害时期的家中长辈大多都有节约的习惯，对粮食有着独特的敬畏之心。很多同学不能接受家里老人异常节俭的行为，也对他们对待粮食敬畏的态度不甚理解，皆因同学们自己没有经历过缺衣少食的日子，很难体会吃饱穿暖这个简单的诉求实现起来多么不易，也无法体味摆脱贫困、不为温饱所苦的生活的珍贵。

同学们应该都知道，袁隆平爷爷是知名的水稻育种专家。袁爷爷就经历过饥荒年代，他说过：一粒粮食能够救一个国家，也能绊倒一个国家。正是对饥饿的体验和对祖国的热爱，袁隆平爷爷才立志研究杂交水稻。虽然有许多专家都不看好他的杂交水稻研究，但是通过他和水稻育种团队的不懈努力，终于解决了十几亿人的温饱问题，实现了中国人的“禾下乘凉梦”，帮助我们真正将饭碗端在自己手中。另外，从历史上看，中华民族一直在与贫困作斗争。进入21世纪以来，仍然有不少人挣扎在贫困线上。直到2020年，我们完成了新时代脱贫攻坚目标。现行标准下农村贫困人口全部脱贫，贫困县全部摘帽，消除了绝对贫困和区域性整体贫困，这是人类历史上的奇迹！

但是随着生活水平的提高和物质的极大丰富，不少人忘记了贫困，忘记了种田的艰辛，追求排场和面子，过度消费，造成了严重的“舌尖上的浪费”。根据联合国粮食及农业组织的数据，全球每年有13亿吨粮食被浪费，而这些被浪费的粮食的1/4就可以养活将近9亿的贫困人口。我国每年浪费的粮食约占粮食产量的3%，仅城市餐饮业浪费的食物，就可以弥补我国每年进口的主粮缺口。[①]我们必须意识到，节约粮食、杜绝返贫具有重要的现实意义。我们应当也必须树立节约粮食、浪费可耻的意识，从自身做起来保障粮食安全，这是事关每个人生存和发展，也是事关国家命运前途的大事。正因为如此，2021年4月29日，第十三届全国人民代表大会常务委员会第二十八次会议通过了《中华人民共和国反食品浪费法》，为反对浪费、厉行节约提供了法律依据。

---

① 参见《触目惊心，全球一年浪费13亿吨粮食！按人均中国排22位，城市餐饮是重灾区》，载腾讯网，https://new.qq.com/rain/a/20200901a026hz00?pc。

从苦难中走出来的人们懂得珍惜资源，而在和平年代出生的人更要懂得节约粮食的重要性。粮食安全不是小事，节约粮食也不能空喊口号，同学们需要对我们的历史和粮食生产的过程有更加深入的了解和认识，家长朋友们也要做到言传身教。在日常生活中，从每一餐做起，自我克制，提倡节俭，杜绝浪费，践行“光盘行动”，这样才能在全社会营造节约粮食、珍惜资源的良好氛围。

法条链接

《中华人民共和国农业法》

第三十一条 国家采取措施保护和提高粮食综合生产能力，稳步提高粮食生产水平，保障粮食安全。

国家建立耕地保护制度，对基本农田依法实行特殊保护。

第三十四条 国家建立粮食安全预警制度，采取措施保障粮食供给。国务院应当制定粮食安全保障目标与粮食储备数量指标，并根据需要组织有关主管部门进行耕地、粮食库存情况的核查。

国家对粮食实行中央和地方分级储备调节制度，建设仓储运输体系。承担国家粮食储备任务的企业应当按照国家规定保证储备粮的数量和质量。

第三十六条 国家提倡珍惜和节约粮食，并采取措施改善人民的食物营养结构。

《中华人民共和国国家安全法》

第二十二条 国家健全粮食安全保障体系，保护和提高粮食综合生产能力，完善粮食储备制度、流通体系和市场调控机制，健全粮食安全预警制度，保障粮食供给和质量安全。

《中华人民共和国反食品浪费法》

第一条 为了防止食品浪费，保障国家粮食安全，弘扬中华民族传统美德，践行社会主义核心价值观，节约资源，保护环境，促进经济社会可持续发展，根据宪法，制定本法。

第三条 国家厉行节约，反对浪费。

国家坚持多措并举、精准施策、科学管理、社会共治的原则，采取技术上可行、经济上合理的措施防止和减少食品浪费。

国家倡导文明、健康、节约资源、保护环境的消费方式，提倡简约适度、绿色低碳的生活方式。

第十四条 个人应当树立文明、健康、理性、绿色的消费理念，外出就餐时根据个人健康状况、饮食习惯和用餐需求合理点餐、取餐。

家庭及成员在家庭生活中，应当培养形成科学健康、物尽其用、防止浪费的良好习惯，按照日常生活实际需要采购、储存和制作食品。

延伸思考

1. 你认为应如何避免日常生活中浪费粮食的现象？

2. 你能否想到几个处理剩菜剩饭的方法？

6

节约用水就是保护我们的地球

“同学们，在日常生活中我们一定要节约用水，保护好我们的地球！”班主任小师老师面容严肃地站在讲台上，她又长又细的眉毛下，一双炯炯有神的眼睛凝视着同学们。讲台下，同学们用一样的语调回答道：“好的，小师老师。”下节课就是同学们最期待的体育课，同学们嘴上答应着，可心思早就飞到了体育课的课堂上。此时龙小山已经收拾好课本，准备下课铃声响起就冲向操场，班主任小师老师的话压根儿没有听进去。

下课后，同学们一窝蜂似地来到了操场。现在正值盛夏，火球般的太阳炙烤着大地，大树垂着头，小草弯着腰，蝉儿在树上拼命地嘶叫。

体育老师小强已经在操场等候同学们了，小强老师方脸宽额，浓眉大眼，鼻梁高挺，脖子上挂着白色的口哨，在阳光的照射下一闪一闪的。上课铃声响起，小强老师清了清喉咙说：“同学们好，由于今天天气炎热，我们这堂课自由活动。请同学们注意运动强度，千万不要中暑！”老师说完话，同学们就大声欢呼：“太好啦！谢谢老师！”

自由活动后，龙小山找到了自己的好朋友魏晓西一起玩。晓西天真可爱，乖巧聪明，是同学们的开心果，他们一起在操场上奔跑，欢呼雀跃。不一会儿，他们就挥汗如雨。龙小山把魏晓西拉到操场旁的树荫下，用极轻的声音悄悄地和魏晓西说：“晓西，今天的天气太热了，趁老师不注意，我们一起去洗手间用凉水洗个手吧！”魏晓西有些犹豫，但是烈日当空，运动后自己也大汗淋漓，于是就答应了龙小山的请求。

来到洗手间，龙小山和魏晓西迫不及待地打开了水龙头，他们拍打着水流，感受阵阵清凉。暑气渐渐消退，魏晓西对龙小山说：“小山，我们回操场吧。”说完便关上了水龙头。龙小山嘴上答应着，但是手没停下，继续拨弄着水流。魏晓西有点儿着急，走出洗手间，装作生气地说道：“小山，你再磨蹭我就先走了！”龙小山见魏晓西离开了洗手间，急急忙忙地冲了出去，水龙头却没顾得上关。

洗手间内，水龙头哗哗地流着……

龙小山和魏晓西回到了操场，继续和同学们一起打闹。可是当他们下课再次来到洗手间洗手时却傻了眼。池子里的水早已溢出来，整个洗手间的地面都是浅浅的积水。龙小山踩着水慌忙将水龙头关上。

班主任小师老师知道了这件事，下午的班会课上问道："同学们，还记得我们这周班会的主题——节约用水就是保护我们的地球吗？据我观察，这次的'水漫洗手间'事件可能是有同学忘了关水龙头导致的。同学们快想想，自己有没有忘了关上水龙头？"

龙小山和魏晓西偷偷地互相看了一眼，两个人都羞愧地低下了头，班主任小师老师又严肃地对全体同学说道："有同学忘记了老师班会课强调的道理，在日常生活中，我们一定要节约用水，结束用水时一定要记住关紧水龙头，不然我们美丽的地球就会被破坏。今天'水漫洗手间'的事件是一个很好的教训，同学们以后一定要牢记节约用水就是保护我们的地球！"

同学们听了小师老师的话都点了点头，默默提醒自己以后一定要记得关水龙头。这时，龙小山站起来，主动承认了错误："老

师、同学们，等到水退后我会把洗手间清理干净的！我还要在学校里的每一个水龙头上面都贴上‘节约用水’的标语，回家后我也要告诉我认识的人节约用水的道理。”小山说完后，魏晓西也立刻站了起来，说道：“我也要和小山一起打扫卫生，而且以后我们都要节约用水，请老师和同学们监督！”班主任小师老师欣慰地笑了起来，同学们也纷纷表示要去帮助小山他们清理洗手间，以后也要注意随时关好水龙头。小师老师不由感叹道：“同学们，老师真的很开心，你们都长大啦。”

在老师和同学们齐心协力之下，洗手间终于清理干净了，水龙头上还贴上了龙小山设计的“节约用水”的标语，这下同学们都记住了节约用水就是保护我们的地球的道理。

常警官说

水与我们的生活息息相关。水是生命之源，是维持生命必不可少的物质。一切生命活动都起源于水，同时水也是人类生活必备的物质基础。作为重要的资源，人类的生存与发展都离不开水。

水在自然界也有着不可替代的作用，可以调节气候、发展农业、促进植物的生长等。随着人类对水的过度开发和利用，不仅造成严重的水污染，而且极易引发地质灾害。目前，全球水资源紧缺的问题极为突出。全球有超过10亿人生活在缺水地区，到2025年将有多达35亿人面临缺水问题。世界水资源研究所曾发布报告称，17个国家和地区每年消耗的水量超过其可用水资源总量的80%，被界定为处于“极度缺水”状态。[①] 究其原因，“从1960年到2014年，世界的用水量增加了250%，人口增长、饮食结构变化和气候变化等因素，让水资源问题成为全球一大挑战”。

水资源短缺的问题在我国也极为突出，是我国面临的最为严重的环境问题之一。虽然我国拥有全球最丰富的淡水资源，但人均水资源占有量位列全球倒数第二，仅相当于世界平均水平的1/4。[②] 改革开放以来的经济快速发展过程中，用水量急剧增长，水污染和供水不足问题日益严峻。相关数据显示，我国70%的江河湖泊都已经遭到不同程度的污染，约3.6亿农村居民缺乏清洁的饮用水，华北地区的缺水问题尤为严重。以母亲河长江为例，作为

① 参见《最新报告显示约1/4人口面临“极度缺水”危机　全球水资源紧缺形势日趋严峻》，载人民网，http://world.people.com.cn/n1/2019/0823/c1002-31314403.html。

② 参见《自然资源》，载国务院网站，http://www.gov.cn/guoqing/2005-09/13/content_2582636.htm#:~:text。

我国流经 19 个省、市、自治区的最大水系，养育人口和对 GDP 的贡献率均超过 40%。但是长江流域污染和生态破坏状况严重超出其承载能力，对沿岸众多城市的饮用水卫生安全构成了极大的威胁，也由此出现了世界第三大河流却存在流域性污染和用水危机的尴尬境地。另外，很多人认为我国水资源丰富，不存在缺水问题，更没有树立节水意识，因而造成水资源的严重浪费。如在家里洗手或洗菜时持续放水或者不及时关上水龙头，任由自来水管漏水而不理，洗衣服时放水过量或漂洗次数过多等。这些行为都会加剧水资源危机，带来许多危害，形成用水与取水的恶性循环。在如此严重的水危机威胁之下，需要我们快速行动起来，一方面减少水污染，另一方面节约水资源，如此才能有效克服水资源短缺问题。

从宏观方面看，我国已经出台了相应的政策和立法，采取了一系列的措施。《中华人民共和国水法》是水资源保护的核心立法，并与《中华人民共和国环境保护法》《中华人民共和国水污染防治法》《中华人民共和国长江保护法》《中华人民共和国节约能源法》《中华人民共和国循环经济促进法》等共同构成了水资源保护的立法体系。在政策标准层面，水利部发布实施《城镇用水单位智慧节水系统技术要求》团体标准，在国家层面首次明确了关于城镇用水单位智慧节水系统的技术要求。《“十四五”水安全保障规划》提出，到2025年全国用水总量控制在6400亿立方米以内，明确了保障水安全具体要求。此外，先后出台了《关于加强城市节水工作的指导意见》《"十四五"全国水情教育规划》等。更重要的是，为了保障水安全，我国战略性地实施了南水北调工程，主要解决我国北方地区，尤其是黄淮海流域的水资源短缺问题。目前，南水北调中线和东线工程（一期）已经完工并向北方地区调水，截至2021年累计调水约494亿立方米。[①]2022年，《中华人民共和国黄河保护法》出台，我国两大母亲河都有了专门立法的保护。近年来，在国家和地方有关部门的大力支持下，各地也在围绕着经济社会高质量发展的要求，以最严格制度、最严密法治促进节约用水。

具体到日常生活中，要求我们树立节水意识，减少不必要和浪费式的水资源利用行为。节约用水，保护水资源，需要从小事做起，从我做起。正如习近平总书记指出的，"要深入开展节水型城市建设，使节约用水成为每个单位、每个家庭、每个人的自觉行动"。这就需要我们每个人时刻树立水是珍贵的稀缺资源的意识，适度取水，形成节约用水、重复利用的新风尚。在生产活动

---

① 参见《南水北调工程》，载搜狗百科词条，https://baike.sogou.com/v1712197.htm?fromTitle=%E5%8D%97%E6%B0%B4%E5%8C%97%E8%B0%83。

中，也要注重节约，对重点用水企业加强监管，加强节水技术、设备和工艺的开发与应用等。在大力推进生态文明建设的背景下，要建设美丽中国，构建节水型社会，就必须向浪费水资源的行为说“不”。

法条链接

《中华人民共和国环境保护法》

第三十六条第二款 国家机关和使用财政资金的其他组织应当优先采购和使用节能、节水、节材等有利于保护环境的产品、设备和设施。

《中华人民共和国水法》

第八条 国家厉行节约用水，大力推行节约用水措施，推广节约用水新技术、新工艺，发展节水型工业、农业和服务业，建立节水型社会。

各级人民政府应当采取措施，加强对节约用水的管理，建立节约用水技术开发推广体系，培育和发展节约用水产业。

单位和个人有节约用水的义务。

第四十四条第二款 水中长期供求规划应当依据水的供求现状、国民经济和社会发展规划、流域规划、区域规划，按照水资源供需协调、综合平衡、保护生态、厉行节约、合理开源的原则制定。

《中华人民共和国防沙治沙法》

第十九条第二款 沙化土地所在地区的地方各级人民政府应当节约用水，发展节水型农牧业和其他产业。

《中华人民共和国电力法》

第十七条 地方人民政府应当支持电力企业为发电工程建设勘探水源和依法取水、用水。电力企业应当节约用水。

《中华人民共和国循环经济促进法》

第十条第二款 国家鼓励和引导公民使用节能、节水、节材和有利于保护环境的产品及再生产品，减少废物的产生量和排放量。

第二十条 工业企业应当采用先进或者适用的节水技术、工艺和设备，制定并实施节水计划，加强节水管理，对生产用水进行全过程控制。

工业企业应当加强用水计量管理，配备和使用合格的用水计量器具，建立水耗统计和用水状况分析制度。

新建、改建、扩建建设项目，应当配套建设节水设施。节水设施应当与主体工程同时设计、同时施工、同时投产使用。

国家鼓励和支持沿海地区进行海水淡化和海水直接利用，节约淡水资源。

《中华人民共和国节约能源法》

第九条第一款 任何单位和个人都应当依法履行节能义务，有权检举浪费能源的行为。

延伸思考

1. 想一想，我们平常可以通过什么方式节约用水？

2. 除了人类需要大量的水之外，还有哪些动物依靠水生存？它们是否需要我们节约用水？

7

绿色骑行好处多

清晨，第一缕阳光透过窗帘间的缝隙洒进龙小山的房间里，光线的变化将龙小山从睡梦中拖了出来。“啊，才 6 点半啊，我再睡 5 分钟。”看了一眼闹钟的龙小山，脑海中快速地闪过一丝念头，然后又沉沉地睡了过去。

清晨床上的时间永远是个谜，仿佛有人调皮地肆意拨动分针，感觉眼睛只是一睁一闭的瞬间，少则 10 分钟，多则半小时就过去了。“龙小山！起床了，再不起床就要迟到了，你看看都 6 点 50 啦！”妈妈有点气急败坏的声音强行将龙小山拖出了梦境。

“什么，都 6 点 50 啦！”犹如一盆冷水从头顶浇下，龙小山带着些许惊吓地看向床头的闹钟，正好指向“10”的分针赫然映入眼帘，右下角不断跳动的秒数犹如妈妈一声声的催促赶着龙小山从床上翻滚下来，“我的妈呀！今天又要迟到了！”

“不要堵车，不要堵车，不要堵车……”龙小山心里默默祈祷着。穿衣，刷牙，背书包，拿早餐，下楼……一气呵成。龙小山用最快的速度冲刺到了楼下停着的汽车后座上。然而，在这种时刻，人们美好的诉求总是会被现实无情地驳斥。

“又要迟到了啊！又要被罚站了！唉……”看着大桥上一眼望不到头的车流，龙小山长叹一口气。

“还不是你自己赖床，这下好了，我上班也要迟到了。”爸爸不无埋怨地对龙小山说。“明天我陪你骑自行车上学吧，这样就不怕堵车了，只要起得早我们就一定赶得上。”

“啊？不会吧爸，一大早起来骑车上学，那不得累死啊！”龙小山求饶道。

“不行不行，”爸爸坚持道，“谁让你每天早上都赖床迟到，再说了骑行好处多呢，锻炼身体这种显而易见的益处都不用我多说啦。你把身体向前伸伸，看看前面堵在大桥上一望无际的车流，每天要烧多少汽油，排放多少二氧化碳，环境污染多么严重，现在的气候一年比一年变化大，现在的夏天可比我小时候热多了，以前还没这么多车，这么多桥，这么多公路，骑一辆自行车在江边兜风，多舒服啊……”爸爸无比怀念地说着自己的小时候。

“可是爸，我还是不想骑车上学，我们还是开车吧，这还要过江呢。”龙小山还在试图改变爸爸的决定。

“不行哦！明天我们就骑车上学！就这么决定了。”爸爸斩钉截铁地说道。

“唉，好吧！”龙小山故作长叹。

一天的时间很快过去，又到了清晨，第一次骑车上学的新鲜感和兴奋感让龙小山战胜了温暖的被窝。但是被妈妈叫醒时，眼睛还是像涂上了胶水，迷迷蒙蒙。昨天晚上想到第二天要骑车上学就精神亢奋，睡得自然有些晚。龙小山的身体从躺着变成坐着，马上又要倒下去了……

“龙小山！你快点起来！你想天天被罚站吗？马上从床上下来！”听到妈妈语速超快、分贝超高的声音，龙小山虽然脑子还未清醒，但还是迅速跳下床刷牙洗脸。

妈妈满意地看着龙小山和龙爸爸准时出门，叮嘱龙小山：“路上小心一点，不要骑太快。你学会了骑自行车之后都好久没骑了。”龙小山向妈妈挥挥手：“知道啦！知道啦！”

龙小山和爸爸推着自行车，感觉好久都没有呼吸这么早的空气。踏上车，风也起来了，从身体两侧吹过，乱成一团的脑子也被风梳理清晰了。有下坡的地方就可以不用脚踏，控制好方向就可以向四处望望，路上行人尚少，道路还很空旷。

龙小山骑着车，脑子里冒出来“自在”两个字，在爸爸开车送自己上学的时候没有这种感觉，骑上车之后好像在自行车四周形成了一个无形的罩，是一个特属于自己的空间，别人都进不来。保持着这种快乐自在的心情，很快就骑到了学校。

爸爸把龙小山送到了门口就去上班了，龙小山骑着车进学校，骑到停车的地方，车刚锁好，一回头发现最喜欢的语文老师陈老师也骑着自行车过来，开心地挥挥手："陈老师好！"陈老师笑着回应，在龙小山旁边停下来锁车。"老师，您也骑自行车来上班呀？"

"对呀，骑车又环保，还能锻炼身体。之前没在这儿见过你的自行车呀！新的？"陈老师锁好了车，和龙小山一起向教学楼走去。

龙小山挠挠头："哈哈，我从今天才开始骑车的。总是因为堵车而迟到，所以爸爸让我早起骑车来。"陈老师点点头，说道："那你之后骑车应该都不会迟到啦，今天还到得挺早的。骑车还有很多好处呢，一方面，就是我刚刚说的环保，骑车相比驾驶汽车减少了碳排放，也减少了汽油的消耗，汽油是石油的制品，而石油是非常重要的资源。另一方面，可以通过骑车锻炼身体嘛，锻炼我们的心肺功能，四肢力量，每天锻炼一小时，早晚骑车就能锻炼一部分啦！而且我感觉骑车运动心情也会变得很好呀，运动了晚上睡觉也睡得更安稳。”陈老师和龙小山走到教学楼门口，停下来和龙小山说完才走。

龙小山一天都很开心，因为和最喜欢的语文老师说了那么多话，而且和老师找到了骑车的共同点，又听老师说了那么多骑行的好处，对骑行好感倍增。放学铃声一响，他就拿着书包“蓄势待发”，等老师一走就迅速跑出去了，推着车到了校门口看见爸爸已经在等着了。

“爸爸，我决定了，以后每天都要骑车上学。我今天早上锁车的时候遇到陈老师了，他还和我说了好多骑车上学的好处呢，陈老师说可以节约能源，还能锻炼身体呢！”龙爸爸哈哈大笑：“不错不错，那你以后再也不会迟到了。”

龙小山又和爸爸一起骑着车上路了，风吹起来，绿色的叶子也簌簌响着，仿佛在夸赞：绿色骑行好哇！

常警官说

生活中许多人都曾学习过骑自行车，从有人在车后面推着，到摇摇晃晃，反复摔跤，最终获得了在自行车上驰骋的一方自由空间。人们把它当作一项技能学习，却在后来的生活中将它忘记。自行车是工业化的产物，提升了人们的出行效率，但是随着汽车特别是家用汽车的普及，自行车似乎正在被社会淘汰，弱化了其作为出行工具的功能，街道上随处可见的都是汽车和电动车。在交通工具日益便捷化的时代，自行车的作用和价值，要么是在其他方式都不可行，扫码使用共享单车或者公共自行车的时候体现；要么是在作为锻炼工具的时候体现。当代的小学生们可能无法想象，你们的爸爸妈妈小的时候，出行方式除了步行主要就是自行车了，甚至拥有一辆属于自己的自行车都是一种奢侈。

现在国家通过立法鼓励和提倡公众绿色出行。骑自行车既可以节能减碳，又能锻炼身体，可谓一举多得。号召大家绿色出行的主要原因在于，为人们提供便捷交通的多是以化石燃料为主的交通工具，汽车要以汽油为动力，电动车需要充电，无论是汽油还是电力，都与化石能源有关。汽油由石油加工冶炼而成，用于发电的主要能源则是煤炭。无论是石油还是煤炭都是典型的化石能源，具有不可再生性。更重要的是，化石能源的使用会带来严重的环境后果，如产生二氧化碳，加剧温室效应，导致生态失衡。联合国政府间气候变化专门委员会（IPCC）发布的报告显示，以化石能源为主的能源消费结构是全球气候变化的主要原因。气候变化已经成为严重威胁人类社会生存与发展的突出问题，其后果包括但不限于海平面上升、冰川融化、生物栖息地退化、生物多样性锐减、极端气象灾害频发等。切实采取措施应对气候变化，就必须转变现有的生产方式和生活方式，特别是转变能源消费结构与消费强度。转变生活方式就要求我们在生活中以绿色低碳为原则，形成节约适度、绿色低碳、文明健康的生活方式和消费模式。生活方式的转变需要我们从个人做起，从小事做起，每个人都成为绿色生活方式的倡导者和践行者，厉行节约，绿色消费，绿色出行。总之，绿色出行既是转变生活方式的重要内容，也是节能减碳的重要手段。

绿色出行的方式主要包括乘坐公交、地铁等公共交通工具，骑自行车或者步行等。从公共利益的角度看，绿色出行的重点在于节约能源、高效低碳，乘坐公共交通工具等方式有助于减少化石能源的使用，减少碳排放；从个人角度看，现代城市快节奏的生活导致人们普遍缺乏锻炼，身体机能下降，增加疾病风险，而骑行或步行则可显著增强体力、提高耐力和增强心肺功能。根据世界卫生组织（WHO）相关数据，65 岁以上的老年人中，每周步行超过 4 小时的人与每周步行少于 1 小时的人相比，心血管疾病的发病率减少 69%，病死率减少 73%。[①]

为了提倡绿色出行，我国也采取了各种激励措施，如定制公交

① 参见《每天一万步靠谱吗？老年人运动需注意这三点》，载人民网，http://kpzg.people.com.cn/n1/2022/0722/c404214-32483047.html。

路线、修建自行车专用道、加快新能源和清洁能源的推广、增加公共自行车投放数量、扶持共享单车企业发展等，便捷人们绿色出行。作为新时代的少年，大家也应积极响应号召，在日常生活中树立绿色出行的理念，并落实到具体行动中。

法条链接

《中华人民共和国环境保护法》

第六条 一切单位和个人都有保护环境的义务。

地方各级人民政府应当对本行政区域的环境质量负责。

企业事业单位和其他生产经营者应当防止、减少环境污染和生态破坏，对所造成的损害依法承担责任。

公民应当增强环境保护意识，采取低碳、节俭的生活方式，自觉履行环境保护义务。

第三十六条 国家鼓励和引导公民、法人和其他组织使用有利于保护环境的产品和再生产品，减少废弃物的产生。

国家机关和使用财政资金的其他组织应当优先采购和使用节

能、节水、节材等有利于保护环境的产品、设备和设施。

第四十条 国家促进清洁生产和资源循环利用。

国务院有关部门和地方各级人民政府应当采取措施，推广清洁能源的生产和使用。

企业应当优先使用清洁能源，采用资源利用率高、污染物排放量少的工艺、设备以及废弃物综合利用技术和污染物无害化处理技术，减少污染物的产生。

《中华人民共和国节约能源法》

第四十三条 县级以上地方各级人民政府应当优先发展公共交通，加大对公共交通的投入，完善公共交通服务体系，鼓励利用公共交通工具出行；鼓励使用非机动交通工具出行。

第四十五条 国家鼓励开发、生产、使用节能环保型汽车、摩托车、铁路机车车辆、船舶和其他交通运输工具，实行老旧交通运输工具的报废、更新制度。

国家鼓励开发和推广应用交通运输工具使用的清洁燃料、石油替代燃料。

《中华人民共和国循环经济促进法》

第十条 公民应当增强节约资源和保护环境意识，合理消费，节约资源。

国家鼓励和引导公民使用节能、节水、节材和有利于保护环境的产品及再生产品，减少废物的产生量和排放量。

公民有权举报浪费资源、破坏环境的行为，有权了解政府发展循环经济的信息并提出意见和建议。

延伸思考

1. 在你看来，绿色骑行都有哪些方面的益处？

2. 除了骑行之外，你还能想到哪些绿色出行方式？

8

过期化妆品不能随便"扔"

春夏交接之时，江妈妈把冬天的厚外套、厚被子都拿出来晒太阳，说是再晒几次太阳就可以把它们收起来，把位置腾给轻薄的衣服了。折腾了一会儿，将所有该晒的都拿到院子里之后，又开始收拾家里。收到化妆品的时候，发现有好些都已经过期了，一拍自己的脑门，心中懊悔：早知道不该买那么多，现在用不完过期了又浪费，还要整理出来。

"龙小山！"江妈妈开始呼唤龙小山，"过来帮妈妈个忙。"

"来了来了。"龙小山很快从自己的房间里走出来，来到妈妈的身边，"妈妈，有什么事情呀？"

"我发现我有些化妆品过期啦，你帮我一起处理一下呗。"江妈妈手中的动作不停，一个个翻找它们的有效日期。

“处理？要怎么处理？直接扔进垃圾桶不就好了嘛？”龙小山疑惑地看着江妈妈。“这不是响应国家要求，要进行垃圾分类嘛。过期的化妆品属于有害垃圾，不能随意乱扔，也不能和厨余垃圾、其他垃圾放在一起。”江妈妈一边说话一边把几个化妆品放进单独的塑料袋，“没有用完的化妆品过期后会滋生有害细菌，其中添加的化学物质包括重金属物质都会释放出来，如果随意和其他垃圾一起扔有可能造成严重的环境损害。”

龙小山点点头，这才意识到严重性：“那我要怎么做呢？”

江妈妈想了想，“化妆品的有效期你又不会看，要不你先去客厅看看药箱里有没有过期的药品吧，正好一起扔了，都是有害垃圾。而且社区正好设置了过期药物回收箱，可以放到那儿去”。龙小山听了，说着好的，就去客厅忙活起来了。

很快，龙小山就把过期的药挑了出来，突然想到，这些过期药物放回收箱里不会被回收换个日期又拿出来卖了吧。于是跑去问江妈妈：“妈妈，我们要不要把药剪开来再扔掉啊，万一有人把这些药拿去换个包装和生产日期又拿出来卖呢？”妈妈拍了拍龙小山的头：“都说了它是有害垃圾啦，如果把它们都拆开，可能会影响其他垃圾的回收，或者在转运的过程中损害他人的健康也说不定哦。所以过期的化妆品和药品最好带着它的包装一起送到垃圾分类收集点。”

“对了，正好你冬天的保湿乳用完了。你去把包装里面擦干净了放进可回收垃圾的垃圾袋里。”江妈妈又提醒道，龙小山照办。

等江妈妈也收拾好了，龙小山准备和妈妈一块儿去丢垃圾，突然看见妈妈用过的面膜放在了其他垃圾那一袋，感到很奇怪：“妈妈，为什么用过的面膜放在其他垃圾那一袋啊，不应该放在厨余垃圾那一袋嘛？”

江妈妈听了哈哈大笑：“不是湿的垃圾都是‘湿垃圾’好吗？‘湿垃圾’也就是厨余垃圾是指会腐烂的有机垃圾，面膜虽然是湿的，但是不会腐烂啊，其实是一个湿的‘干垃圾’。”龙小山听得有些晕，还没理解透彻，江妈妈就督促着一起去分类点扔垃圾了。

龙小山总觉得这个时候是最舒服的时候，春寒已过而暑热未及，下午两三点的时候并不嫌热，而是很高兴地在阳光之下行走。天空是纯净的蓝色，树木新绿陈绿交错，路边的月季开得正盛，路上不知名的野花也绽放属于它们的色彩。是让人充满活力的季节啊！

走到垃圾分类点，龙小山和江妈妈将自己手中的垃圾都分类扔进了垃圾桶。一转身遇到一个阿姨，江妈妈和她热切地打起招呼，并让龙小山说“阿姨好”。龙小山打完招呼，听着妈妈和阿姨聊天，视线滑到了阿姨挽起的袖口，看见她手臂上长了一些稀稀拉拉的小疱疹，看着有些吓人，龙小山不由问道：“阿姨你手臂怎么了？”阿姨低头看了看自己的手臂，说道：“哦，这是前段时间做垃圾分拣的时候，不小心被针管扎破了，造成皮肤感染，一直断断续续也没好。”江妈妈这时也注意到了，问道：“要小心一点呀，你们不是戴手套的嘛？怎么还会扎破？”阿姨笑了笑：“是有个人垃圾扔错啦，把用过的医用针管放到其他垃圾里了，也是我没注意，就扎进手套里了。”龙小山听着妈妈跟阿姨说了一些得皮肤病的注意事项，又提到下次一定要小心，还好这个针头只是造成皮肤感染，如果有传染性就麻烦大了。

龙小山心里想着，用过的医用针管应该是有害垃圾，原来分类错误还可能给分拣人员造成伤害呀。等到江妈妈和阿姨说再见之后，龙小山望着妈妈说：“妈妈，我一定会好好学习垃圾分类知识的，原来垃圾分类错误还会给垃圾分拣员造成伤害呀。”

江妈妈摸了摸龙小山的头，拉着他向前走：“垃圾分类可不仅仅只是为了保护分拣人员。你觉得为什么我们要进行垃圾分类呢？”

龙小山高兴地说：“这个我知道，老师和我们说过，垃圾分类可以节约资源，保护环境！比如，我们通过垃圾分类回收了更多的纸，那么我们在造纸上就可以少砍一些树。”江妈妈笑着点点头，说道：“你说得对，还有哦，是为了减少对环境的污染。如果将有害垃圾混杂在其他垃圾中一起被填埋就会污染土壤，比如，废弃电池中含有的金属汞、镉等有害物质会对环境产生危害；废塑料填埋在土地中会导致农产品减产，而且不可降解的塑料会在自然界停留很长时间，可能长达几百年呢。”

龙小山瞪大了眼睛：“这么恐怖吗？”江妈妈点点头：“而且以前垃圾分类的意识没有那么强的时候，人们就是这么做的。现在我们应当做好垃圾的分类，像过期化妆品、过期药品、废弃医用针管等有害垃圾更要注意啦。”

龙小山点点头，把妈妈说的都牢记在心。

常警官说

生活垃圾的处理包括生活垃圾的源头减量、清扫、分类收集、储存、运输、处置以及相关的管理活动。垃圾的处理方式有焚烧法、堆肥法、填埋法、回收有用物质等。焚烧法主要针对其他垃圾，也就是有机垃圾，将其在高温且供氧充足的情况下氧化，其优点是迅速的减容能力和彻底的高温无害化，占地面积不大，对周围环境影响较小，且有热能回收。堆肥法主要针对厨余垃圾，利用垃圾中存在的微生物，使有机物质发生生物化学反应，生成一种类似腐殖质土壤的物质，它既可用作肥料，又可用来改良土壤。填埋法是一种历史悠久且被广泛采用的垃圾处理方法，除了有害垃圾、一些不可降解的垃圾不能填埋之外，大部分的垃圾都可以用填埋法进行处理。垃圾中的废纸、黑色和有色金属、塑料、织物、玻璃陶瓷、皮革橡胶等有用成分，可以回收进行再利用。

随着全社会环保意识的提高，特别是对包括生活垃圾在内的废弃物价值的重新认识，垃圾作为"放错位置的资源"，不能再"一刀切"式地处理。在此基础上，当前固体废弃物处理的总体思路已经转变为"减量化、资源化、无害化"。减量化是指从产生源头上控制固体废弃物的产生量；资源化则是指对有用成分进行回收，化垃圾为资源；无害化是指经过固化、焚烧或者填埋处理，让废物内的生物性或化学性有害物质变得安全和无害，减轻或者不再对环境造成威胁。

垃圾分类是一个比较复杂的过程，总有人担心即使我们分类分好了，但是收垃圾的人还是混合着一起收走。这种担心确实是有道理的，因为从生活垃圾的产生到处理涉及多个环节，只有当每个环节都做到规范有序，才能真正实现垃圾减量、减轻环境污染的目标。随着“无废城市”建设、“双碳”目标①确立等，垃圾分类立法得到了重视，尤其是地方垃圾分类立法数量显著增加。2019 年 7 月 1 日正式施行的《上海市生活垃圾管理条例》，使上海成为全国首个强制垃圾分类的城市，也标志着我们步入了“垃圾强制分类”时代。近几年，垃圾分类开始成为新时尚，人们也对垃圾分类有了更高的关注度，网络上也在热切地讨论“干垃圾”“湿垃圾”“厨余垃圾”“可回收垃圾”等。当我们关注这一话题，也努力在实践中做好分类时，也就做到了垃圾分类的第一步——垃圾分类意识的提高，这就为垃圾分类取得预期效果奠定了良好的基础。随着这种意识的不断提升，不仅垃圾的资源价值得到显现，垃圾污染问题也将得到有效解决。

① “2030 年碳达峰、2060 年碳中和”的目标简称为“双碳”目标。

法条链接

《中华人民共和国环境保护法》

第三十七条 地方各级人民政府应当采取措施，组织对生活废弃物的分类处置、回收利用。

第三十八条 公民应当遵守环境保护法律法规，配合实施环境保护措施，按照规定对生活废弃物进行分类放置，减少日常生活对环境造成的损害。

《中华人民共和国固体废物污染环境防治法》

第四十五条第一款 县级以上人民政府应当统筹安排建设城乡生活垃圾收集、运输、处理设施，确定设施厂址，提高生活垃圾的综合利用和无害化处置水平，促进生活垃圾收集、处理的产业化发展，逐步建立和完善生活垃圾污染环境防治的社会服务体系。

第四十九条 产生生活垃圾的单位、家庭和个人应当依法履行生活垃圾源头减量和分类投放义务，承担生活垃圾产生者责任。

任何单位和个人都应当依法在指定的地点分类投放生活垃圾。禁止随意倾倒、抛撒、堆放或者焚烧生活垃圾。

机关、事业单位等应当在生活垃圾分类工作中起示范带头作用。

已经分类投放的生活垃圾，应当按照规定分类收集、分类运输、分类处理。

第五十条第一款 清扫、收集、运输、处理城乡生活垃圾，应当遵守国家有关环境保护和环境卫生管理的规定，防止污染环境。

《中华人民共和国水污染防治法》

第四十条第一款 化学品生产企业以及工业集聚区、矿山开采区、尾矿库、危险废物处置场、垃圾填埋场等的运营、管理单位，应当采取防渗漏等措施，并建设地下水水质监测井进行监测，防止地下水污染。

延伸思考

1. 你了解生活垃圾可以分为哪几种吗？

2. 你能举例说明哪些垃圾属于有害垃圾吗？

9

纸箱旅行记

我是一只纸箱，他们都这样称呼我。

有一天，人们用我装了东西，经过颠簸的旅途，来到了一户人家。这家的男主人把密封的我拆开，拿出东西后，又把我收了起来，和其他的同伴们放在一起。

这个家里弥漫着亲切的气息，桌子、藤椅、各处摆放的植物……虽然我看起来是棕色的薄板，好像和他们毫不相关，但是我的原料主要是大树和芦苇草，将它们切碎，施以高压，再加入一些化学药剂，经过复杂的工艺，最终变成了纸，后又被人们制成纸箱。听说最早制造出纸的是东汉时期一个名叫蔡伦的人，后来经过改进有了现在的纸。

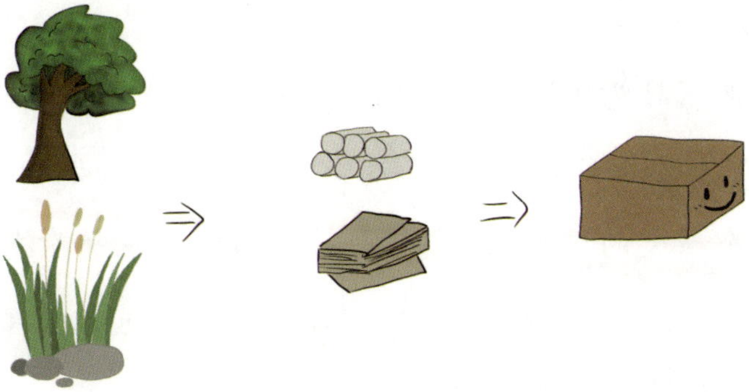

在制造的时候，人们说我是瓦楞纸，后来我就被叫作纸箱子了。

我来到的这一户人家，有一个小男孩，特别可爱，叫龙小山。我刚到的时候，他很兴奋，对龙爸爸说：“爸爸，是我的零食到了吗？”龙爸爸一边拆着粘在我身上的胶带，一边说道：“不是哦，是我网购的茶叶到了。”龙小山听到有些失望地走开了。对了，因为人们开始网购，所以有很多像我这样的纸箱被生产出来，装上一些东西，在汽车上、飞机上运输，最后到达别人的家里。

龙爸爸把茶叶拿出来之后，便把我送到了龙小山的房间里，告诉小山：“之后可以把干的垃圾扔到这个箱子里，装满之后拿去倒掉，箱子不要扔，可以多用几次。”后来我发现房间里有一个小桶，也是龙小山用来扔垃圾的，只不过扔一些湿的垃圾，而干的垃圾扔在我这里。而且我看见龙小山的垃圾袋每天都不同，有时是白色，有时是红色，有的还印着字和笑脸，似乎是对购物塑料袋的二次利用。

我在工厂时听工人们或是同伴们提起塑料，垃圾袋就是用塑料做的。塑料和我们纸一样，在人类的生活中应用非常广泛，不过我们有一个很大的区别，那就是塑料制品中很多都不能进行回收利用，而大部分纸制品都能够回收利用，且不能进行回收利用的塑料制品会对环境造成很大的损害。

后来的日子里，这个家里又来了很多纸箱，龙爸爸带着龙小山一起用纸箱做猫窝，龙小山忍不住问龙爸爸："爸爸，我们为什么要用纸箱做猫窝呢？之前做了也被小猫咬坏了，我们可以去买一个耐用的猫窝呀。"龙爸爸在纸箱中挑选了大小合适的拿出来，说道："因为小猫喜欢钻到纸箱里去呀，而且我们家经常会有纸箱，可以废物利用啊。还记得爸爸以前和你说的吗，地球上的资源是有限的，如果我们利用一种物品可以做好几项事情，那么不就节约资源了嘛，与此同时，也给了资源充足的再生时间，这样我们可以利用的资源可以说是某种意义上的无穷尽了。"

虽然龙小山听过之后表现出一副没有理解透彻的样子，但还是动手和爸爸一起制作起了猫窝。先将箱子上方制作成屋顶的样子，然后根据小猫的大小剪出门和窗，和上次的猫窝四四方方的门不一样，龙爸爸将门剪成了小猫的形状，之后又拿出马克笔让龙小山自由发挥，龙小山为猫窝做一些装饰。龙小山开心地画完了，又贴心地去拿了软垫铺在箱底。

家里还有一些纸箱被折好放在了角落里，龙小山又摸索着做出了一个漂亮的纸巾盒，上面贴了装饰，开心地摆在自己的房间。龙爸爸看见竖起了大拇指，龙小山更高兴了，开始了研究纸盒创新之路。

家里的纸箱越来越多了，有一天龙小山的外婆来的时候也带走了几个小纸箱，说是回去放东西，做收纳。后面一天，我就离开了这个家。早晨，龙爸爸就把我和其他小伙伴们放在一块儿，一起的还有一些塑料瓶子，我们就这样被搬出了家门。听见龙爸爸在和另外一个陌生女人算钱，我知道我大概是被卖去回收了，在工厂中的时候就听工人提起过，当时是老师傅在带徒弟，讲得很详细。之后大概会到一个叫作废品回收站的地方，后面就会迎来我生命的终结。

我上了那个女人的车，之后被搬到了一个有很多纸箱的地方。

我居然还觉得很不错，少见的阳光照耀在我身上，很温暖，天空是漂亮的浅蓝色，风吹在我的身上。不像是工厂和家里，也不像是在颠簸运输的途中，这里很特别，在阳光之下，我仿佛回到了植物状态，风吹日晒，自由自在。

过了几天，我又到了路上。这一次并不比从前的颠簸，因为我和我的伙伴们紧紧地贴在一起。我们一起讨论着最后的时光，有的说："这一生过得真快啊。"也有的说："人类有句话说，不求同年同月生，但求同年同月死。我们真有缘，等到了工厂，我们会一起走向结束。"我想着，是啊，这一次既是终结，同样也是一次新生。

回忆着老师傅对徒弟所说的话，"这些废纸是从废品回收站收来的，首先我们要把废纸制浆，制浆的过程就像在洗衣机里把卫生纸加水搅拌打碎的过程一样。在制浆的过程中，能够从中筛去杂质，如废箱的装订钉、纸的塑料附膜层、胶水油墨之类的。经过了一系列的筛选净化之后，废纸从纸箱、杂志等废品变成了造纸的纸浆。废纸的原料经过多次回收，品质不是很稳定，所以一般会在回收的纸浆中加入原生纤维，作为高端的纸原料加以使用，或者不加原生纤维，制作复印纸、箱板原纸等，作为低端纸的原料来使用……"

心中了然了去向，也没有了那么多担忧。水淋在我身上的时候，心中也很平静……

“我是一只纸箱，他们都这样称呼我。”

常警官说

生活中我们会产生许多的废纸，包括快递纸箱、商品包装盒、书写纸、餐巾纸、废报纸、废弃宣传纸张等。这些废纸经过回收后可以加工成新的产品进行循环使用，所以具有极高的回收利用价值。据估算，回收一吨废纸能再生产纸 800 千克，可以少砍 17 棵大树，节省 3 立方米的垃圾填埋空间，减少 35% 的水污染。[①] 每张纸至少可以回收 2 次。办公用纸、旧信封信纸、笔记本、书籍、报纸、广告宣传纸、货物包装纸、纸箱纸盒、纸餐具等在第一次回收后，可以制成书籍用纸、稿纸、名片、便条纸等。第二次回收后，还可制成卫生纸。除了这些常见的废纸类型外，现在厨房用品中也包含厨房纸巾一类的产品，当这些产品使用后就会沾上油污等，回

① 参见《你还不知道废纸怎么处理吗？》，载搜狐网，https://www.sohu.com/a/474640356_120967608。

收利用的难度很高，一般作填埋或焚烧处理。总体上，废纸在生活废弃物中的可回收率还是非常高的。

在具有回收利用意识的家庭中，往往会把平日里产生的废纸收集起来，累积到一定数量后卖给废品回收业者，虽然回收的价格并不高，但是一方面可以利用废弃物品获得经济利益；另一方面减少了垃圾的产出，减轻了垃圾处理的压力，减少了环境污染的可能。更重要的是，这些回收后的废纸再生成新的纸张或者其他产品，有效节约了资源，降低了对森林资源的砍伐需求，有助于保护我们的“绿水青山”。

目前，废纸回收源于日常生活和办公场所产生的大量废弃纸张。我国的废纸回收主体主要由拾荒者、废品回收者以及小型的回收站构成。分散的回收业者往往难以实施监管，导致有些回收业者因趋利目的而掺水增加重量，影响废纸类垃圾的再生利用价值。而在垃圾产生的源头，也有不少人缺乏环保意识，本来好好的纸张与其他垃圾混合在一起，也会降低废纸的回收利用价值。因此，虽然废纸的产出量非常高，但有效回收利用率不够高。

这一问题的解决，一方面，需要我们尽快构建系统完善的废品回收利用体系和可操作的制度体系；另一方面，需要每个人树立环保节约的意识，尽量减少纸张包括一次性纸制品的使用，杜绝非必要使用纸张的行为。使用后，做好垃圾分类，重视对废纸这类可回收垃圾的回收再利用，为保护森林资源、减少资源浪费、保护生态环境做出自己应有的贡献。

法条链接

《中华人民共和国环境保护法》

第三十七条 地方各级人民政府应当采取措施，组织对生活废弃物的分类处置、回收利用。

第三十八条 公民应当遵守环境保护法律法规，配合实施环境保护措施，按照规定对生活废弃物进行分类放置，减少日常生活对环境造成的损害。

第四十条 国家促进清洁生产和资源循环利用。

国务院有关部门和地方各级人民政府应当采取措施，推广清洁能源的生产和使用。

企业应当优先使用清洁能源，采用资源利用率高、污染物排放量少的工艺、设备以及废弃物综合利用技术和污染物无害化处理技术，减少污染物的产生。

《中华人民共和国清洁生产促进法》

第三十三条 依法利用废物和从废物中回收原料生产产品的，按照国家规定享受税收优惠。

延伸思考

1. 你家里一般如何处理废弃的纸箱？

2. 你的生活中还存在哪些类似纸箱的物品？你觉得应如何处理？

10

“发烧”的梅雨季

下午两点正是一天中最热的时候，尤其在这样的六月里。太阳不复早晨的温柔，火辣辣又公平地直射每一寸光能抵达的地方。

龙小山把衣服的袖口往上拢了又拢，汗水还是从身体里不断冒出来，从头发的缝隙中往下滴。周围的同学也在抱怨着天气，明明早晨还感觉冷呢，中午又这么热。

“咻咻！”体育老师的口哨声又响起来了，催促着跑道上的孩子们有节奏地前进。

终于，体育老师短促的哨声响起，“下课”！这两个字如同天籁一般，龙小山心里想着终于解放了，欢呼雀跃地跟同桌一起跑回教室，各自拿起水杯“咕咚咕咚”喝起水来。终于缓过来了一些，龙小山还是禁不住地跟同桌抱怨着：“这天儿也太热了，今年夏天来得这么早吗？”同桌笑嘻嘻地看着龙小山，“还是我聪明，我在校服里面穿了短袖，可以脱掉”。龙小山见状，不由得投去羡慕的目光。

午后的酷暑将人烤得焦糊，但是到了放学时分，天气仿佛又换了张脸，一团团乌云挤在天空中，转眼就下起了倾盆大雨，为城市带来一丝久违的清凉。

回到家，龙小山想起下午的体育课，仿佛难以忍受的燥热又回来了，于是追着江妈妈到了厨房，郑重地说：“妈妈，今天天儿真的太热啦！今天下午的体育课都要把我给热化了，还好下雨了。明天中午有年级的足球比赛，我们都要去给队员们加油呢。”江妈妈笑了：“那你记得把外套带上，有时候梅雨来了可能温度还会下来呢。”

龙小山点点头：“嗯嗯，这个天怎么这么奇怪，早上、晚上和中午感觉都不是一个季节呢，而且还没到夏天呢，怎么就这么热了？"这时，江小北走过来说："这我知道，是城市热岛效应，所以城市温度比郊区的温度高。"

龙爸爸也走了过来，说道："从天气的角度来说，如果白天是晴天，大气对太阳辐射的削弱就会比较弱，相应的气温就会高一些；在夜晚也是晴朗的情况下，大气逆辐射就会比较弱，相应的大气温度就会低一些，这就造成了昼夜温差大的现象，"龙爸爸笑呵呵地讲完，"这样就会出现白天热而早晚凉的情况，而热岛效应产生的是地区温差而不是昼夜温差哦！"龙小山听得迷迷糊糊的。

"其实我们这边也还好啦，我看新闻里讲，有的地方才夸张呢，6 月气温已经超过 38 摄氏度啦！"江妈妈又凑过来说，"小山，妈妈给你出个主意，下次体育课，你就把家里的小风扇带着，别真的晒化了哦！"小山开始很开心，回味过来才知道妈妈是在开玩笑。

听着母子俩的互动，在沙发上坐着的龙爸爸感慨着说道："不过这天气还真是一年比一年热啦！感觉以前没有这么热啊，这天真是得小心中暑呢！中暑对身体的损害是很大的，严重的话还会导致死亡哦。"龙小山瞪大了眼睛，哭丧着脸说道："这么可怕的吗？那我的体育课怎么办？"

江小北接着说："还不是温室气体搞的鬼，现在全球气候变暖，极地冰川融化就是证据，以后还会越来越热！我们还是要做好环保工作，少用一次性塑料袋，乘坐公共交通出行，节约能源，减少二氧化碳这类温室气体排放，这样才能不让我们的城市越来越热，我们也就不需要忍受高温了。”

“还是要先在高温中做好防护，”江妈妈提醒道，“环保是我们需要在日常生活中去做的，眼前还是要注意防止受到炎热天气的伤害！”

龙小山听了，思索着慢慢回到自己的房间，心想：原来环境保护还跟天气有关，城市气温升高还受环境变化影响，为了每个人的身体健康，一定得行动起来了，日常的环保“小事”还能产生这么大的效果哦。小山还不忘告诉自己，明天见到同桌一定要告诉他，高温时要做好防护，炎热和寒冷一样会伤人。

常警官说

全球气候变暖已经成为当代突出的环境问题。根据联合国政府间气候变化专门委员会的报告，二氧化碳等温室气体排放导致全球气温升高已经是不争的事实。气候变化也已产生显著的危害后果，包括海平面上升、冰川融化、生态系统脆弱、生物栖息地退化、物种灭绝、极端天气频发等，极大地威胁全人类的生存与发展。可能有同学曾看到过一张瘦弱的北极熊的照片，它需要连续不断地游上近 10 日、超过 600 公里去寻找一块可以休憩的浮冰，真是让人感到非常难过、非常震撼！这使我们窥见全球气候变化带来的严重后果。在日常生活中也能够感受到气候变化带来的后果，比如，故事中让人难受的高温；又如，极端天气事件引发的短时强降雨，造成城市内涝甚至是洪灾。因此，气候变化带来的灾难性后果，不仅由可爱的北极熊等生物承受，也要由人类自身承受。根据程度的不同，有的后果表现为严重的经济损失，有的后果则不仅是遭受经济损失，还使人体健康遭受损害，甚至是付出生命的代价。因此，适应和延缓气候变化，是当代人和后代子孙必须要承担的共同责任。

为此，国际社会已经做出了相应的努力，比如，1.5 摄氏度温控目标[①]的提出。要实现这一目标，各国均需在削减温室气体排放、实现净零排放方面有更大的作为。我国作为负责任的发展中大国，在应对气候变化和减少碳排放方面提出了中国方案，发出了中国声音，也提供了中国样本。2020年，习近平总书记在第七十五届联合国大会一般性辩论上郑重宣布，中国的二氧化碳排放力争于2030年前达到峰值，努力争取2060年前实现碳中和，提高在全球应对气候变化问题上的国家自主贡献度。随后，碳排放相关政策性文件相继出台。目前，我国已经形成“1+N”碳达峰碳中和政策体系。

“双碳”目标的提出，要求我们每个公民树立绿色环保意识，改变现有的生活方式与消费模式，厉行节约，绿色生活，减少碳排放，为应对气候变化贡献自己的力量。

法条链接

《中华人民共和国环境保护法》

第二十八条第一款 地方各级人民政府应当根据环境保护目

① 1.5摄氏度温控目标是《巴黎协定》主要目标的一部分，即将21世纪全球平均气温上升幅度控制在2摄氏度以内，并将全球气温上升控制在前工业化时期水平之上1.5摄氏度以内。

标和治理任务，采取有效措施，改善环境质量。

《中华人民共和国大气污染防治法》

第二条第二款 防治大气污染，应当加强对燃煤、工业、机动车船、扬尘、农业等大气污染的综合防治，推行区域大气污染联合防治，对颗粒物、二氧化硫、氮氧化物、挥发性有机物、氨等大气污染物和温室气体实施协同控制。

《中华人民共和国气象法》

第二十七条 县级以上人民政府应当加强气象灾害监测、预警系统建设，组织有关部门编制气象灾害防御规划，并采取有效措施，提高防御气象灾害的能力。有关组织和个人应当服从人民政府的指挥和安排，做好气象灾害防御工作。

第二十八条 各级气象主管机构应当组织对重大灾害性天气的跨地区、跨部门的联合监测、预报工作，及时提出气象灾害防御措施，并对重大气象灾害作出评估，为本级人民政府组织防御气象灾害提供决策依据。

各级气象主管机构所属的气象台站应当加强对可能影响当地的灾害性天气的监测和预报，并及时报告有关气象主管机构。其他有关部门所属的气象台站和与灾害性天气监测、预报有关的单位应当及时向气象主管机构提供监测、预报气象灾害所需要的气象探测信息和有关的水情、风暴潮等监测信息。

第二十九条 县级以上地方人民政府应当根据防御气象灾害的需要，制定气象灾害防御方案，并根据气象主管机构提供的气象信息，组织实施气象灾害防御方案，避免或者减轻气象灾害。

延伸思考

1. 请问你了解城市热岛效应吗？城市气温升高的原因都有哪些？

2. 为了应对气候变化，你认为城市发展过程中应注意哪些问题？

11

受伤的鸟儿

今天龙小山一家要去攀登著名的玉龙雪山。

清晨，阳光刚刚拨开云朵，将一抹金色洒在远方的山巅，洁白的雪欢快地回应着这一抹晨曦，把它送入每一个看向雪山的人的眼底，“神圣”两个字在这一刻有了明确而具象化的表达。龙小山与姐姐沉醉于路上的这一抹惊艳的景色，静静地盯着车窗外，任由雪山来到自己的面前，而不做一丝一毫的语言描述。事实上整个车上的人都是这样一种状态。曹文轩在《前方》中说每一个离乡路上的人都是苦旅者，那么诸如龙小山一家这般前去感悟自然的伟大造化的人便是朝圣者。同样是交通工具，同样运载着人，车上的人们同样一言不发地看向远方，前者是人生苦旅的迷茫，后者是心灵朝圣的皈依，神圣的雪山在这一刻成为人们的一个精神驿站。事实上，每一处景色之于人们都有这般神奇的功效与意义。假如有一天所有的土地都堆叠满冰冷生硬的钢筋水泥，梭罗再也找不到他栖居的瓦尔登湖，龙小山再也见不到让他震撼到忘记了语言的玉龙雪山，人类也就失去了一部分灵魂。对环境的保护，在此意义上不妨归结为人类对自身灵魂周全的维护。

车子开抵山脚下，爸爸带着一家人买好了上山所需要的氧气瓶。龙小山拿着一罐氧气好奇地问爸爸："爸爸我们为什么要买氧气呀？"

"因为这里海拔高，氧气稀薄，我们爬上山之后会感到不舒服，所以需要买一些氧气，在不舒服的时候缓解难受的症状。"爸爸回答道。

"那为什么我们会因为氧气少了一点就感到不舒服呢？为什么这里氧气就稀薄了呢？"龙小山打算打破砂锅问到底。

"因为这里不是我们生活的地方，我们只是来别人家里短暂地拜访一下，在别人家里当然会不舒服咯，"爸爸半打趣地回答道，"走啦！爬山！"

一家人沿着人工修建的道路开始上山。太阳此刻刚刚升起，山间弥漫着挥散不去的雾气。此时的游人还不是很多，还没有将脚下的雪山从昨夜的梦境中惊醒，周遭的一切都有一种静谧的美好。

“啾……啾……啾……”一阵略有些急促的鸟鸣声打破了龙小山一家从出发开始保持的安静氛围。相比于这些天听到的清脆的悦耳之声，这声音夹杂着求助的讯息。

“爸爸，我们去找找这只鸟儿吧！”善良的姐姐江小北有些忍不住了。

“哎呀，我们快去山顶吧！小鸟没有关系的啦，”弟弟龙小山则有些不以为意，“我们要去山顶合照啦！”

“听姐姐的，我们去看看吧。”江妈妈最后作出了决定，随即由爸爸带着一家人出发去寻找小鸟。一家人循着声音走去，不多时，在一棵树的树枝上发现了一只被困住的鸟儿。眼前的这个“陷阱”被这只可怜的鸟儿触发了，带着斑斑锈迹的铁夹子夹住了鸟儿的身躯，让它动弹不得，只能不断地发出急促的叫声求助。

“爸爸，我们快帮帮它呀！”姐姐焦急起来，她实在不愿意看到鸟儿遭受这样的痛苦。

“江小北，你和妈妈去找景区的工作人员和警察叔叔；龙小山，咱们留在这里看看能不能帮助这只鸟儿。”爸爸迅速地作出了安排，一家人行动起来。

爸爸和龙小山走到近处，仔细地观察困住鸟儿的夹子，偌大的铁夹子简易地固定在树枝相对比较粗壮的地方，所以没有掉下来。“爸爸，我们需要爬上树吗？你会爬树吗爸爸？”龙小山问道。“不需要哦！这个夹子固定得不是很牢，我们去找一根树枝把它从上面叉下来，再扳开夹子就好了！相信我哦！”爸爸很是自信，“快去找找足够长的树枝。”

正当爷俩忙碌的时候，江小北和妈妈也成功找到了景区的工作人员寻求帮助，在听完了江小北的描述之后，工作人员迅速跟着她们来到了鸟儿被困住的地方。

在众人的努力下，受困的鸟儿终于被解救出来，工作人员还顺便处理了周围几个还未触发的“陷阱”。不一会儿，警察也过来了。

“小朋友，麻烦你跟我们回警察局做一下笔录好不好呀！”

“为什么还要做记录呢？”龙小山不解道，“鸟儿得救了呀！”

“这种设置‘陷阱’捕猎小鸟的行为是违法的，作为第一个发现的人，我们需要你告诉我们发现的过程和发现时的情况，方便叔叔们抓到伤害鸟类的坏人！”警察耐心地解释着。

这一段登山路上的小插曲很快结束了，在山顶上，爸爸意味深长地和家人们说：“我们是在鸟儿的家里做客哦！”

常警官说

中国是一个“民以食为天”的国家，好像什么都能在餐桌上一饱口福，并赋予“野味”特别的营养价值，就如濒危的野生动物穿山甲。人们相信穿山甲的鳞片有特别的功效，但是，科学研究表明，吃穿山甲的鳞片和吃自己的指甲的营养价值是相同的，甚至穿山甲的生存方式和生存环境导致其体内含有影响人体健康的物质。不仅如此，很多在自然界生存的野生动物，体内都会携带各种病毒，食用野生动物也就是将这些病毒带到人类社会，必然会引发公共卫生危机。所以，捕猎、食用野生动物，不仅不能延长人的生命，可能还会危及人类健康，必须杜绝这种“陋习”。要杜绝食用野生动物，需要全社会的共同努力，同时国家也通过立法进行保障。

除了对人的危害以外，非法捕猎、杀害珍贵、濒危野生动物也会造成动物数量锐减，破坏生物多样性。很多时候人们捕猎野生动物，都是为了通过交易获取经济利益，主要是它们的皮毛、血肉或者其他人们认为的“好东西”。逐利的前提是有需求，所以我们能做的就是记住那句著名的公益广告语：没有买卖，就没有杀害。只要拒绝购买濒危野生动物制品，甚至是拒绝购买野生动物制品，让人难以以此获利，杀害野生动物的行为自然会减少甚至消失。

除了食用和非法狩猎交易之外，野生动物及其物种的减少还与人类的活动有关。人类对自然开发力度越大，越会影响野生动物的生存。对于野生动物来说，栖息环境非常重要。人类活动范围的不断扩大，必然导致野生动物的生存环境不断缩小。我国野生生物物种虽然极为丰富，但是随着生态环境的破坏，很多野生动物的栖息地也受到破坏，导致野生动物的生存受到严重威胁。在我们没有感知到的时间里，不断有野生生物在地球上消失。很多珍贵的野生生物即便尚未灭绝，但是也处于濒临灭绝的边缘。我国的十大濒危动物包括朱鹮、华南虎、白鳍豚、扬子鳄、大熊猫、金丝猴、麋鹿、黑颈鹤、藏羚羊、褐马鸡。这其中，有很多都是同学们熟知和喜爱的动物。这就要求我们一定要从保护生物多样性的角度，尽最大的努力，让那些珍贵的野生动物留在地球上，留在我们的生态系统中，而不是留在标本室，留在画册中或者留在我们的记忆里。

维护野生动物的生存环境，维持野生生物物种的多样性，不仅是保护野生动物，更是维护人类自身生存和发展的物质基础。稳定的生物物种才能维持稳定的生态系统，稳定的生态系统才能持续为人类提供必要的物质条件。毫不夸张地说，保护野生动物也就是在保护人类自己。我们要实现人与自然和谐共生的现代化，就必须保护野生动物，维护好野生动物的生存领地。我们需要从自身做起，在日常生活中选择更环保和更耐用的产品，少用一次性餐具，出门自带水杯，不看野生动物表演，更不要购买和使用野生动物或野生动物制品等。只有依赖全社会环保意识的提升与共同努力，我们才能看到更多种类的野生动物，才能使地球充满生命活力。

法条链接

《中华人民共和国刑法》

第三百四十一条 非法猎捕、杀害国家重点保护的珍贵、濒危野生动物的，或者非法收购、运输、出售国家重点保护的珍贵、濒危野生动物及其制品的，处五年以下有期徒刑或者拘役，并处罚金；情节严重的，处五年以上十年以下有期徒刑，并处罚金；情节特别严重的，处十年以上有期徒刑，并处罚金或者没收财产。

违反狩猎法规，在禁猎区、禁猎期或者使用禁用的工具、方法进行狩猎，破坏野生动物资源，情节严重的，处三年以下有期徒刑、拘役、管制或者罚金。

违反野生动物保护管理法规，以食用为目的非法猎捕、收购、运输、出售第一款规定以外的在野外环境自然生长繁殖的陆生野生动物，情节严重的，依照前款的规定处罚。

《中华人民共和国野生动物保护法》

第五条 国家保护野生动物及其栖息地。县级以上人民政府应当制定野生动物及其栖息地相关保护规划和措施，并将野生动物保护经费纳入预算。

国家鼓励公民、法人和其他组织依法通过捐赠、资助、志愿服务等方式参与野生动物保护活动，支持野生动物保护公益事业。

本法规定的野生动物栖息地，是指野生动物野外种群生息繁衍的重要区域。

第十二条 国务院野生动物保护主管部门应当会同国务院有关部门……

……县级以上人民政府可以采取划定禁猎（渔）区、规定禁猎（渔）期等措施予以保护。

禁止或者限制在相关自然保护区域内引入外来物种、营造单一纯林、过量施洒农药等人为干扰、威胁野生动物生息繁衍的行为。

自然保护地依照有关法律法规的规定划定和管理，野生动物保护主管部门依法加强对野生动物及其栖息地的保护。

延伸思考

1. 你是否见过受到人类伤害的小动物？如何更好地保护它们呢？

2. 想一想，我们有伤害动物的合理理由吗？我们应该如何和动物相处？

12

咬人的蚂蚁

“龙小山，起床啦！”随着一阵急促的敲门声，门外传来了姐姐江小北的声音，“今天我们要去看地下溶洞哦！”

“来啦，来啦！”龙小山迅速地翻了个身，一脚踢开被子，抓起在枕边叠放好的衣服往头上一套，匆匆地跑到卫生间开始洗漱。“龙小山，你不觉得今天有什么奇怪的地方吗？”爸爸突然问道。“呀，怎么了，我觉得没啥奇怪的呀！”龙小山不解地回答。“你的衣服穿反啦！”爸爸直率地指了出来。龙小山不好意思地挠了挠头：“我太想出去玩了嘛。”

短暂而仓促地收拾后，一家人很快就登上了前往景区的大巴。今天的天气似乎有些阴沉，几团乌云局促地挤在天上，似乎挤得有些委屈了，淅淅沥沥地“哭”了起来。

“今天怎么是个雨天呀，那我们可怎么玩呢？”龙小山不满地埋怨道。

“不要担心哦！一会我们到景区就是晴天了。”爸爸安慰龙小山。

“怎么可能呢？天上这么多乌云，就算雨停了太阳也不会出来的！”龙小山反驳道，“这事我已经观察过很多次了！下雨总是能打乱快乐玩耍的一天。”

“这边的气候和我们那里不一样哦！你以后就学到啦！大自然是神奇的哦！”爸爸接着说。

“龙小山，你知道我们要去的地方是什么样的吗？”姐姐江小北也加入了爸爸和弟弟之间的对话。

“我还没见过呢，这我哪里知道，”龙小山略有些好奇，“难道姐姐你知道？”

“我当然知道！”姐姐兴致勃勃地开始卖起了关子，“是水流把石头冲刷成了各种各样神奇的形状哦！你就算找来全世界最好的雕塑家也凿不出这么多千奇百怪的石头呢！”

“姐姐，你骗我！水怎么可能雕刻石头！”龙小山睁大了眼睛，“水都搬不动石头，只会从石头四周过去，怎么可能像雕塑家一样用锤头给石头塑造不同的形状呢？”

看到龙小山一脸不可置信的样子，姐姐江小北也有些急了：“就是这样的！云南有好多著名的喀斯特地貌景观，就是流水冲刷腐蚀可溶性岩石形成的大自然的杰作，这些岩石大部分都是……”

正当江小北打算给龙小山普及一下自己在地理课上学到的知

识的时候，爸爸打断了他们：“我们到达目的地了哦！快下车啦！晚上回来再给弟弟讲，我们先去看一看，眼见为实嘛！”

下了车，龙小山放眼向远处望去，郁郁葱葱的森林铺满了整座山，雨后带着泥土味道和植物清香的空气迅速涌进了鼻腔，一股强烈的清新感袭来，欢迎着龙小山来到了大自然的怀抱。

正当龙小山还陶醉于与城市里迥然不同的空气时，眼尖的姐姐已经发现了此行的目的地：“你们快看，那个地方就是我们要去的溶洞！”龙小山顺着姐姐手指的方向望去，在一片碧绿的森林中有一面突兀的红色断崖，暗红色的岩石表面上有流水侵蚀的痕迹，在山崖下，还有一个黑黢黢的洞口，仿佛里面隐藏着另外一个世界。

在爸爸的带领下，一家人开始从景区门口向溶洞走去。四周繁盛茂密的树林给了龙小山极大的新鲜感，不时就往树林中看一

眼或是停下来观察一下从未见过的植物。随着不断走向树林的深处，龙小山在一株树下发现了一个有些惹眼的小土堆，上面不时有蚂蚁爬过，龙小山好奇地蹲下，从附近找来一根树枝，从土堆上挑出几只蚂蚁仔细地观察。这是一种与龙小山所熟悉的黑色蚂蚁完全不同的蚂蚁，它们有着火红色的皮肤，头部接近正方形，身体的前半部分是瘦弱细长的，后半部分有着硕大的尾部。树枝上的几只蚂蚁发现自己脱离了往日生存的小土堆之后短暂地聚在一起，仿佛在商量回家的办法，随后又迅速散开，沿着树枝四处奔跑，试图找到离开的道路。“好团结的蚂蚁们。”龙小山在心里暗自嘀咕着，他随即放下了手里的树枝，把几只蚂蚁送回了家。“呀！”龙小山一惊，就在他刚刚端详几只蚂蚁的时间，小小的土丘上已经涌上了一层“红色的潮水”，密密麻麻地挤满了火红色的蚂蚁，就像是一团火焰，跳跃着，抖动着，需要焚烧些什么。显然，龙小山这个调皮的、捉走了它们朋友的人就是它们的敌人——一位擅自闯入它们家中的“入侵者”。几只蚂蚁不知不觉中爬到了龙小山手上。

眼看着自己离大部队越来越远，龙小山依依不舍地离开了这一窝他从未见过的蚂蚁，跟上了一家人的步伐，进入了溶洞。正当龙小山对大自然的鬼斧神工啧啧称奇的时候，发现手上起了一个小小的水泡，龙小山不在意地挠了挠，却传来一阵如火灼烧般的疼痛感。“爸爸，我手上怎么长了一个水泡呀，好疼！”龙小山向爸爸求助。“嗯？”爸爸接过龙小山递来的手，细细端详，发现了两个小小的咬痕，“应该是被什么昆虫咬了吧，走，我带你去医务室。”说完，爸爸焦急地带着龙小山赶到了景区的医务室，向医生说明了来意。

“小朋友，你今天有没有接触过什么昆虫呀？”医生耐心地询问道。

龙小山仔细思索了一下，把刚刚遇到的火红色的“神奇蚂蚁”描述给了医生听。

医生微微皱起了眉头：“这是红火蚁啊，有一定的毒性的，还好你只是被小小地蜇了一口，要是被咬多了可能会有生命危险呢！”

“天呢，我不会死吧！”龙小山一下子吓得面色惨白，赶忙问道。

“哈哈，小朋友，你这只是被咬了一小口，抹点药膏就好了！”医生笑道，“你是在哪里发现的这些蚂蚁呀，能告诉阿姨吗？我们需要去消灭这一窝蚂蚁哦！”

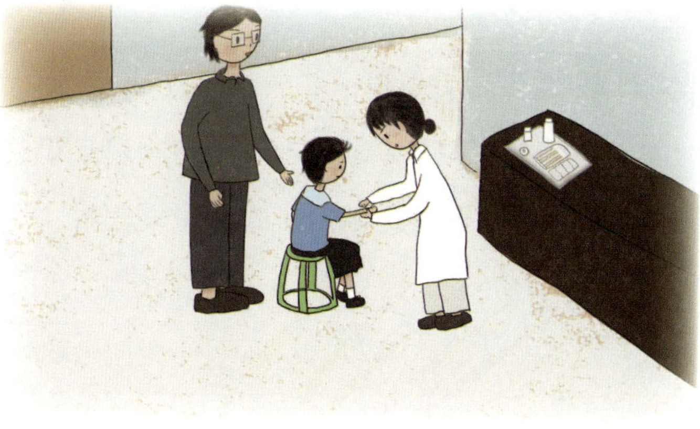

“啊？为什么要消灭它们呀，它们好漂亮的，我只是自己不小心被咬了一口啦！”龙小山赶忙为“美丽”的蚂蚁们辩护。

“它们是一种入侵的外来物种哦，在这里没有它们的天敌，它们无序的繁殖只会破坏这美丽的景区哦！还有可能伤害别的小朋友呢！”医生解释道。

“什么是外来入侵物种呀？就是这些小蚂蚁吗？”龙小山追问道。

“外来入侵物种就是指原来不生活在我国的植物或者动物，因为一些原因进入我国的生态系统中，在我们国家定居了下来，比如，今天咬你的红火蚁就是一种来自南美洲的蚂蚁。它们在南美洲有自己的天敌，所以可以被很好地控制住，但是来到这里之后，它们的天敌没有跟着一起远渡重洋，它们就失去了被消灭的危险，可以肆无忌惮地繁殖，并且伤害本地的动物和植物哦，无论是对我们人类还是对这里美丽的植物、动物都有着不小的伤害。”爸爸耐心地解释道。

“原来是这样呀。”龙小山似懂非懂地应声道。

最后，在龙小山的带领下，工作人员用药剂消灭了这一窝“不速之客”后，龙小山一家也继续他们的溶洞探奇之旅。

常警官说

地球这一大的生态系统是由无数小的生态系统组成的。每个小的生态系统都是经过长期的运动变化，适应了所在地的地理地质条件等形成的稳定的生态环境。每个生态系统中都存在各种类型的生物，这些生物相互影响，相互制约，共同维护生态系统的平衡。一旦有外来物种进入，原有的生态平衡就会被打破。这种平衡的破坏表现在，当地的生态系统中没有能与之抗衡或制约它的生物，导致外来物种成为入侵物种，严重破坏当地的生物多样性，因此，外来物种入侵会导致生态系统失衡。而没有稳定的生态系统，将会给人类的生存和发展带来灾难性的影响。

外来入侵物种的主要来源包括自然入侵、无意引入和有意引入。自然入侵是通过自身繁殖扩散和风力、水流等途径而进行的自然扩散。无意引入和有意引入均与人的活动有关。无意引入主要是贸易的货物偶然携带引入或者自然扩散的结果。有意引入则主要是基于某种特定目的，将某种生长于其他生态环境的物种引入，比如，作为观赏、药用、养殖品种或者用于解决生态环境问题等。但是，无论是无意引入还是有意引入，都会给我国的生态安全带来严重的威胁。

近年来，我国越来越重视外来物种入侵所带来的生物多样性危机。《中国外来入侵物种名单》是我国政府发布的在中国危害比较大的入侵物种名单，分别于2003年、2010年、2014年和2016年共发布了四批，涉及71个物种。截至2020年8月，生态环境部发布的《2019中国生态环境状况公报》显示，全国已发现660多种外来入侵物种。这些外来入侵物种中包括大家熟知的巴西龟、福寿螺、牛蛙、非洲大蜗牛等，也包括大家不太熟知的加拿大一枝黄花、互花米草等。我国是深受外来物种入侵之害的国家。为进一步加强生态安全保护工作，《中华人民共和国生物安全法》自2021年4月15日起正式施行。2022年8月1日起，农业农村部、自然资源部、生态环境部和海关总署联合出台的《外来入侵物种管理办法》正式施行。

贸易活动作为外来物种入侵的主要途径，要求我们必须重视贸易活动尤其是入境环节的监管。海关是守护我国生物安全的第一道防线，船舶、火车、汽车、民用航空器等运输工具和进境集装箱是生物安全风险传播的重要途径，需要高度关注。包装物（特别是木质包装）是林木有害生物跨境传播的主要载体，而国际航行船舶的舱水也不容忽视，随意排放可能会导致多种海洋生物在世界范围内混乱传播。

对每个公民来说，外来物种入侵并不遥远。我们需要在日常生活中树立生物安全意识，做到不要随意携带、购买和养殖不熟悉的动植物，不从市场中购买不知名的生物进行放生活动。2023 年 2 月，南京环境资源法庭公开审理了全国首例非法投放外来物种民事公益诉讼案并当庭进行宣判，引发公众对不当放生行为的广泛关注。此外，我们还要加强生物安全知识宣传和教育，普及外来物种入侵的危害，提高公众对外来物种入侵后果的认识。

法条链接

《中华人民共和国环境保护法》

第三十条　开发利用自然资源，应当合理开发，保护生物多样性，保障生态安全，依法制定有关生态保护和恢复治理方案并予以实施。

引进外来物种以及研究、开发和利用生物技术，应当采取措施，防止对生物多样性的破坏。

《中华人民共和国生物安全法》

第三条　生物安全是国家安全的重要组成部分。维护生物安全应当贯彻总体国家安全观，统筹发展和安全，坚持以人为本、风险预防、分类管理、协同配合的原则。

第八条 任何单位和个人不得危害生物安全。

任何单位和个人有权举报危害生物安全的行为；接到举报的部门应当及时依法处理。

第十八条 国家建立生物安全名录和清单制度。国务院及其有关部门根据生物安全工作需要，对涉及生物安全的材料、设备、技术、活动、重要生物资源数据、传染病、动植物疫病、外来入侵物种等制定、公布名录或者清单，并动态调整。

《中华人民共和国野生动物保护法》

第六条 任何组织和个人有保护野生动物及其栖息地的义务。禁止违法猎捕、运输、交易野生动物，禁止破坏野生动物栖息地。

社会公众应当增强保护野生动物和维护公共卫生安全的意识，防止野生动物源性传染病传播，抵制违法食用野生动物，养成文明健康的生活方式。

任何组织和个人有权举报违反本法的行为，接到举报的县级以上人民政府野生动物保护主管部门和其他有关部门应当及时依法处理。

第八条 各级人民政府应当加强野生动物保护的宣传教育和科学知识普及工作，鼓励和支持基层群众性自治组织、社会组织、企业事业单位、志愿者开展野生动物保护法律法规、生态保护等知识的宣传活动；组织开展对相关从业人员法律法规和专业知识培训；依法公开野生动物保护和管理信息。

教育行政部门、学校应当对学生进行野生动物保护知识教育。

新闻媒体应当开展野生动物保护法律法规和保护知识的宣传，并依法对违法行为进行舆论监督。

延伸思考

1. 你是否在野外遇到过不认识的小动物或者昆虫？

2. 你能说出几个在我国发现的外来物种？

13

美味的野生菌锅

愉快的云南之旅在龙小山一家的欢笑声中就快接近尾声了，今天一家人乘车从大理回到昆明。

“我们一会要吃个午饭哦！我们现在路过的地方是云南的楚雄彝族自治州，这里的野生菌火锅是云南的六大名吃之一哦！”导游热情地介绍道。

“爸爸，爸爸，什么是野生菌啊？”龙小山好奇地问道。

“通俗来说就是我们平常吃的蘑菇哦！云南复杂的地形地貌，多样的森林类型、土壤种类以及独特的立体气候条件，孕育了丰富的野生食用菌资源，种类多，分布广，产量大。这里有全世界一半的食用菌呢！听说可好吃了，我在家做旅游攻略的时候就眼馋好久了，今天可得好好品尝一下。”爸爸颇为自得地摆弄着自己的“学识”。

“别理他，一个馋鬼罢了。”妈妈和姐姐江小北打趣道。

在一家人的期盼中，大巴缓缓地停在了山脚下的一处农家乐，龙小山兴奋地窜下车子，直奔饭桌而去。圆形的桌子中间放着一盆黄亮色的火锅汤底，金灿灿地点缀着几颗枸杞和红枣，令人食欲大开，在火锅的四周围满了一盘盘各式各样的野生菌菇。“这个上面凸起来像个斗笠，灰褐色的应该是鸡枞菌。呀！那个粗壮肥厚的应该就是牛肝菌了。这一桌真的是全菇宴呀！”在爸爸感叹之余，贴心的服务员阿姨早已打开了锅子底下的电磁炉，加热好的菌菇汤上飘忽着一缕缕白色的气雾，将野生菌特有的鲜香送入每一个人的鼻腔。

口水顺着龙小山的嘴角有些不争气地滑落下来，“爸爸，能涮火锅了吗？”龙小山满怀期待地问。“哎呀，心急吃不了热豆腐，你再等等嘛！”爸爸嘴上这么说着，却用勺子舀起一勺汤打算试试温度。

妈妈很是鄙夷地递过来一个眼神：“汤还没开呢，你怎么比孩子还急！”“嘿嘿，”爸爸讪讪一笑，把手里的勺子放了回去，“还是怪它太香啦！”

在龙小山的望眼欲穿中，锅里终于开始密集地翻涌起小泡泡。“开吃，开吃！”在爸爸迫不及待的号令下，一家人开始了这次的野生菌盛宴。

“妈，我出去玩一会儿。”吃饱饭后的龙小山一想到待会要接着坐大巴赶路，决定趁着饭后的功夫出去透透气。“不要走远哦，一会儿就回来，马上要出发啦！”妈妈耐心地吩咐道。

这一处农家乐坐落于山脚下，清晨刚刚下过一场小雨，一出门，清冷的风裹挟着淡淡的土腥味和植物的淡香揉了揉龙小山的脑袋，驱散了一丝饭后的困意。龙小山站在门口向四周望了望，出了农家乐的大门就是一条笔直的马路，“这有些无趣了，”他暗想，“谁去马路上玩啊！后面的山上应该挺有趣的。”打定主意的龙小山便向后山出发。

雨后的小山呈现勃勃生机，盛夏正是万物繁茂的季节，树木挺拔高大，草木上的绒毛留住了一颗颗雨点，轻轻一碰就滴落下来。在这7月的雨季，万物可爱，不过此刻龙小山心里最惦记的就是蘑菇了。顺着一条被人踩出来的小道向上，龙小山一步三蹲，全程都在心心念念地寻找美味可口的蘑菇。最近几天连绵的雨水将一颗颗蘑菇从泥土里赶了出来，长在野草之间，长在树干之上，长在枝叶之间，小小的山坡上仿佛是一个小小的菌菇王国。

不多时，龙小山满载而归。远远地，爸爸就看着龙小山用衣服兜着许多东西奔来，到近处才发现那是一兜子蘑菇。

“龙小山，你哪里找来的这么多蘑菇？”爸爸的语气严肃起来。

“我在后面的山上找到的！”龙小山还志得意满，“可多了，我都拿不下啦，蘑菇太好吃啦！我们多带点回家嘛。”

“龙小山，你知道这些都是什么蘑菇吗？”爸爸问道。

“不知道呀，蘑菇不是吃的嘛，直接在火锅里涮就好了呀！”龙小山回答着。

“你怎么知道这些蘑菇是能吃的，而不是有毒的蘑菇呢？我们刚刚吃的那些都是有经验、熟悉蘑菇的叔叔阿姨上山采摘的，而且又经过了专门的筛选，才送上餐桌的。术业有专攻，你还是个门外汉，咋保证食物的安全呢？很多野生的植物为了自卫不被动物或人吃掉都是会进化成有毒的哦！”爸爸科普道。

“啊！”龙小山一惊。

“而且私自去山上采摘和破坏植物是很不好的行为哦！很多珍稀的植物就是人们无序地采摘才引发灭绝的危机。菌菇固然好吃，但是我们也一定要记得保护生态环境的多样性啊，你今年采完了山上的蘑菇，那来年吃什么呢？”爸爸继续教育着。龙小山羞愧地低下了头：“我知道错了。”

这一段小小的插曲最终以龙小山把采来的蘑菇交给了农家乐的叔叔阿姨们告终，龙小山一家的云南之行也就要落下帷幕了。

常警官说

植物与地球的环境状况息息相关，与人类的生活紧密相连。我们所生活的地球，大约有 40 万种植物，其中高等植物 30 万种，低等植物10万种。我们每天所吃的蔬菜是植物，药材、观赏的花草也是植物。我们的生活需要绿色植物，自然界的生物尤其是野生动物的生存也离不开植物。植物作为地球上生态系统的重要组成部分，对我们有很多好处。首先，很多植物具有较高的观赏价值。很多家庭会种植一些植物，在城市的道路旁我们也能见到很多行道树和装饰花卉，这些植物以其优美的姿态和鲜明的色彩为城市景色添彩。其次，植物对净化环境也有积极的作用。绿色植物的叶片可以进行光合作用，吸收空气中的二氧化碳，释放氧气，清新空气；高大的植物树冠可有效阻挡空气中的粉尘，多毛的叶片表面可吸附粉尘和吸收空气中的有害物质，如二氧化硫、氟化氢、氯气等；有些植物可以分泌大量的杀菌素（如松柏类植物），有效地杀死空气中的有害菌；植物还可以有效地阻挡噪音；植物的根系可有效地固定土壤，防止水土流失。最后，部分园林植物还具有经济用途，如药材、木材、果树等。

如果自然中的植物被破坏，将会造成严重的后果。在我国部分地区，由于乱砍滥伐，造成了植被减少、植物物种灭绝、水土流失和土地荒漠化等，破坏了赖以生存的生态环境，对经济发展和人们的身体健康都造成不良影响。同时，越来越多的资料显示，很多自然灾害与环境破坏之间有着内在关联，可以说人类对生物的破坏增加了自然灾害发生的频率。

我们需要保护植物，爱护环境，珍惜我们赖以生存的美丽家园。在国家层面，我国已经建立起了动植物保护的立法体系，特别是通过设立自然保护区等特殊区域加强动植物保护，建立国家保护植物名录，对破坏植物的行为进行严厉惩处。就每个公民而言，我们要认识到，干净的空气、清洁的水源、茂密的森林和充足的阳光是维持生物多样性的基本前提，保护植物就是保持完整的生态链，任何一种植物灭绝或濒临灭绝都有可能破坏生物链的完整性。我们还要将保护植物的行动落实到日常生活中，爱护花草，不随意采摘植物，对他人破坏植物的行为要及时制止或者进行举报。只有大家都树立植物保护意识并落实到行动中，我们的生活才更有色彩和活力。

法条链接

《中华人民共和国森林法》

第三十一条 国家在不同自然地带的典型森林生态地区、珍贵动物和植物生长繁殖的林区、天然热带雨林区和具有特殊保护价值的其他天然林区，建立以国家公园为主体的自然保护地体系，加强保护管理。

国家支持生态脆弱地区森林资源的保护修复。

县级以上人民政府应当采取措施对具有特殊价值的野生植物资源予以保护。

《中华人民共和国民法典》

第二百五十一条　法律规定属于国家所有的野生动植物资源，属于国家所有。

《中华人民共和国刑法》

第三百四十四条　违反国家规定，非法采伐、毁坏珍贵树木或者国家重点保护的其他植物的，或者非法收购、运输、加工、出售珍贵树木或者国家重点保护的其他植物及其制品的，处三年以下有期徒刑、拘役或者管制，并处罚金；情节严重的，处三年以上七年以下有期徒刑，并处罚金。

延伸思考

1. 你在生活中有没有随意采摘过植物？

2. 你能分辨出可食用蘑菇和有毒的蘑菇吗？试着说说哪些蘑菇是有毒的？

14

我们的生活中不能只剩标本

上课铃声响起，校园渐渐安静下来，枝头嬉闹的麻雀也好像累了，想要回到自己的小窝休息。小师老师随着上课铃声走进教室，清了清嗓子，面带神秘的微笑对同学们说："同学们，下面要向大家宣布一个好消息——明天学校将组织我们年级的同学前往水生生物研究所进行研学活动。"话音刚落，同学们就开心地鼓起掌来，都很期待明天的活动。小师老师停了停，整顿好纪律接着说道："希望各位同学通过本次参观研学，能够学习水生生物方面的知识，放学回家后大家也可以提前查阅资料，做好充足的准备。接下来我们开始上课……"

放学后，龙小山像往常一样拉着爸爸妈妈的手，一蹦一跳地走回家。不过，今天龙小山显然比往常兴奋，江妈妈好奇地问道："小山，你今天有什么好消息吗？"龙小山立即回答道："小师老师今天和我们说，明天我们将要前往水生生物研究所进行研学活动，让我们提前了解水生生物的相关资料。我非常喜欢小动物，真是太期待啦！”江妈妈听完恍然大悟，说道：“原来是这样，今天晚上我们一起查阅资料。妈妈再帮你准备好明天需要的物品，希望你能够收获满满。”龙小山回答道：“谢谢妈妈！”

第二天一早，闹钟还没响，龙小山就起了床。他主动穿上了江妈妈准备的运动装，刷牙洗脸后，一点也不磨蹭地来到餐桌边，迅速吃完了早饭，连龙爸爸都夸赞龙小山表现很好。江妈妈带着龙小山来到了学校指定的上车地点，路边停着很多辆大巴车，龙小山找到已经到达的好朋友，一起上了自己班级的大巴车，找到满意的座位坐了下来。

规定的时间到了，小师老师从座位上站起来数了数人数，说道：“同学们都到齐啦，我们现在出发！”同学们欢呼道：“好耶！太好啦！”大巴车平稳地行驶在道路上。路的两边，小草悄悄地探出头来，迎春花在绿色的枝条中显得格外娇艳，蝴蝶在花丛中翩翩起舞，小蜜蜂正在忙碌地采蜜，小鸟在大树撑开的绿伞下，一边唱歌，一边筑巢。在这样轻松的氛围下，同学们一路上叽叽喳喳地说个不停，表达着内心的愉悦。同学们还互相分享了自己收集的水生生物资料，对参观水生生物博物馆非常期待。

在同学们的欢声笑语中，很快就到达了水生生物研究所。小师老师组织同学们有序地下车，同学们下车后主动排着整齐的队伍，抬起头认真地看着高大的建筑上面写着的大字，迫不及待地想进去参观。在小师老师的带领下，大家进入了研究所的大门，这时有一位工作人员向龙小山所在的班级走来，她面带微笑，很有亲和力，向同学们打了打招呼："同学们好，我是水生生物研究所的工作人员，今天负责带领你们参观研究所，你们可以叫我梁子姐姐，有什么疑问可以随时向我提哦。接下来就让我们开启今天的研学之行吧！"

说完，梁子姐姐带领同学们来到了最期待的水生生物博物馆。走进博物馆，最先看到的是长江江豚。梁子姐姐向大家介绍："长江江豚是长江特有的古老而珍稀的物种。它们的背部没有背鳍，全身为蓝灰色或瓦灰色，腹部颜色浅亮。它们活泼好动，身体在水中会不停地翻滚、跳跃，憨厚喜人，十分可爱。”接着梁子姐姐又依次向大家介绍了中华鲟、银鱼、胭脂鱼、中华沙鳅等珍贵的水生生物。

时间过得很快，大家边听边看，不知不觉就来到了博物馆的最深处。这时梁子姐姐停下了脚步，脸上透露着难过的神情，和大家说道：“接下来我们将会进入白鳍豚馆。这里曾饲养着世界上已知的最后一头白鳍豚淇淇，但是如今，淇淇已在此长眠了 20 余年，白鳍豚也在 2006 年被宣布功能性灭绝。”同学们跟着梁子姐姐一起进入白鳍豚馆，隔着玻璃橱窗，淇淇的身躯依然饱满光滑，唯有紧闭的双眼提醒着同学们，这头历经人工饲养 22 年、寄托人们无限希望的白鳍豚，早已化为标本。

龙小山十分难过，向梁子姐姐提问：“请问什么是功能性灭绝

呢？”梁子姐姐想了想，回答道：“功能性灭绝是从种群繁衍功能这个角度上来讲的，意思是其在自然环境中维持自身生存和繁衍的能力可能已经丧失，即已经失去了种群恢复的功能，在一定时期内注定灭绝。”

龙小山听后追问道：“梁子姐姐，那我们为什么不能人工饲养白鳍豚呢？”梁子姐姐摇了摇头，遗憾地说：“正如淇淇一样，我们不能指望通过人工饲养繁殖来拯救这个物种，人工饲养繁殖只能给研究工作提供一个机会，通过研究来了解它们，这些知识能更好地帮助研究人员开展野外保护工作。”

同学们听了梁子姐姐的回答后一言不发，都低下了头，好像在为白鳍豚的灭绝而伤心。思考后，龙小山坚定地对大家说：“同学们，我们一定要树立保护野生动物的意识，不然，以后会有越来越多的水生动物像淇淇一样成为标本。”同学们纷纷表示认可龙小山的观点。梁子姐姐看到懂事的同学们很欣慰，对大家说：“同学们真的好棒呀，我们一起行动起来，保护野生动物、保护生态环境！”

常警官说

我国水域面积广阔，江河湖泊众多，为水生生物的生存和繁衍提供了良好的环境。我国水生生物特有程度高、种类齐全、数量众多，是世界生物多样性极为丰富的国家之一。水生生物一直是全球生物资源的重要组成部分，是地球赋予人类的自然瑰宝。水生生物广受人们喜爱，为人民群众提供了物质和精神财富。保护水生动物、爱护环境已成为全社会的共识。然而，水生动物保护仍然存在一些突出的问题：一方面，全民水生野生动物保护意识仍有待提高；另一方面，水生野生动物的生存环境日益恶化，包括水质污染、油污泄漏、过度捕捞等。

我国一直高度重视保护水生动物，为保护水生动物构建了法律法规体系（见图 14-1）。各项法律法规的出台，为水生野生动物的保护管理提供了制度保障，打下了良好的基础。迄今为止，《渔业法》和《野生动物保护法》都经过了多次修订或修正，力求水生动物保护工作与时俱进，发挥实效。《长江保护法》和《黄河保护法》的相继出台，也为水生生物保护提供了更加充分的法律依据。

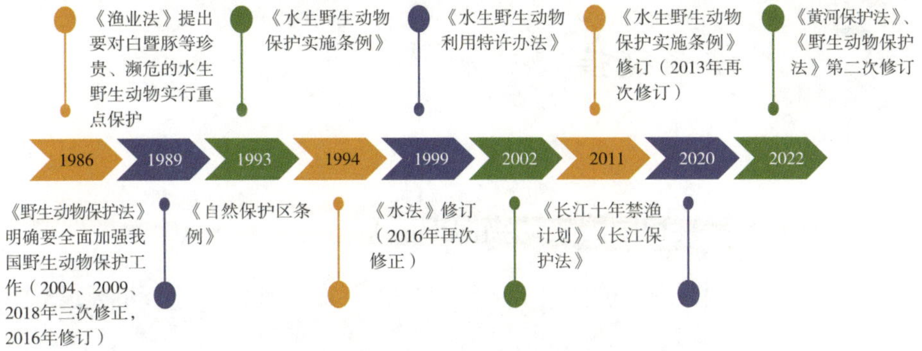

图 14-1　保护水生动物构建的法律法规体系

近年来，我国各部门加强水生野生动物保护管理和执法监管，采取紧急救护、资源监测、科考和科普宣传等系列措施，不断加大水生动物和水生态的保护和宣传力度。随着“十年禁渔”、长江生态保护等政策的出台，以及公众保护意识的日益高涨，水生动物的保护不断受到更多关注，已经初步形成保护优先、规范利用、严格监管的管理格局和全社会共同参与的良好氛围，但水生生物保护工作仍然有极大的完善空间。我们仍然需要深刻地认识到保护水生动物的重要性，积极落实生物多样性保护和野生动物保护的各项目标要求，切实加强野生动物保护工作力度，为建设美丽中国，保护我们赖以生存的地球环境贡献力量。

法条链接

《中华人民共和国野生动物保护法》

第一条 为了保护野生动物，拯救珍贵、濒危野生动物，维护生物多样性和生态平衡，推进生态文明建设，促进人与自然和谐共生，制定本法。

第二条第一款、第二款 在中华人民共和国领域及管辖的其他海域，从事野生动物保护及相关活动，适用本法。

本法规定保护的野生动物，是指珍贵、濒危的陆生、水生野生动物和有重要生态、科学、社会价值的陆生野生动物。

《中华人民共和国渔业法》

第三十条第一款 禁止使用炸鱼、毒鱼、电鱼等破坏渔业资源的方法进行捕捞。禁止制造、销售、使用禁用的渔具。禁止在禁渔区、禁渔期进行捕捞。禁止使用小于最小网目尺寸的网具进行捕捞。捕捞的渔获物中幼鱼不得超过规定的比例。在禁渔区或者禁渔期内禁止销售非法捕捞的渔获物。

《中华人民共和国水生野生动物保护实施条例》

第六条 国务院渔业行政主管部门和省、自治区、直辖市人民政府渔业行政主管部门，应当定期组织水生野生动物资源调查，建立资源档案，为制定水生野生动物资源保护发展规划、制定和调整国家和地方重点保护水生野生动物名录提供依据。

延伸思考

1. 说出几个你知道的已经灭绝的水生动物。你知道它们长什么样子吗？

2. 在日常生活中，我们应该怎样保护水生动物？

15

工地要盖好“绿被子”

“龙小山，快点快点！出去上体育课啦！”下课铃刚一打响，施文文就拉着龙小山，迫不及待地要去操场上体育课。下楼之后，龙小山感觉空气里怪怪的，到了操场，打了一个喷嚏之后就停不下来了，鼻子深处的黏膜处在刺激的状态，很痒，清水鼻涕流个不停，眼泪也随着流了出来。体育老师小强看着龙小山又是鼻涕又是眼泪地持续了十来分钟，让他回教室休息了。

匆匆回到教室之后，龙小山才后知后觉自己大概是鼻炎犯了。但是自己是运动性鼻炎，每次跑步之前都会滴好药水来预防，这次还没开始运动怎么就开始打喷嚏了呢？龙小山抽着鼻涕想着。

直到回家之后龙小山还是时不时地抽搭着，江妈妈看着他不停地吸鼻涕，担心地问道：“是不是感冒啦？怎么鼻涕流个不停呢？”龙小山摇了摇头：“不是，好像是鼻炎犯了。”说着，龙小山实在是忍受不了了，撕了一半餐巾纸堵住流鼻涕那一边的鼻孔，看起来就像流鼻血了一样。妈妈奇怪地问：“诶？明明好久都没犯鼻炎了呀，你今天跑步前忘记滴药了吗？”龙小山挠挠头，说：“我也不知道，今天还没开始跑步就开始打喷嚏了。感觉操场上空气怪怪的，就像刚擦完黑板时的空气一样布满粉尘，也许是这个灰尘导致的吧？”

“是的，今天去接你的时候我看见你们学校附近有个工地在施工呢。大片的泥地裸露在外面，灰尘还蛮大的，没想到都影响你们学校了。”龙爸爸走过来接着说。

龙小山听了心里着急，那他岂不是要一直忍受这种空气？要知道鼻炎可是很让人难受的。“为什么以前我没感觉到建房子能有这么多的灰尘呀？唉，那我之后还要吃多少灰呀？”

龙爸爸听了挠挠头：“我也不太清楚，正常来说灰尘感应该不会这么明显吧？你等我去问问你舅舅，他搞建筑的，应该懂。”龙小山点点头，回房间去写自己的作业了。

“龙小山，来吃饭啦。”江妈妈喊道，龙小山赶紧放下了手中的作业去吃饭。接过龙爸爸递过来的筷子，饭桌上有他最爱吃的尖椒牛柳，让人食欲大开。

龙爸爸突然说：“你舅舅说工地应该要对扬尘采取一定措施的，像这么严重肯定是不合规的。要不我们向相关部门投诉他们？不然工程施工过程中学校就得一直受灰尘影响了。”龙小山犹豫着，因为投诉听起来总是不太好的。

“他们被投诉了，会受到什么样的惩罚呢？好像只有我受到的影响比较大，同学们似乎都和往常一样呢！”龙爸爸听了龙小山的话，拍了拍他的头：“不是哦，扬尘的危害很大的。不但会破坏城市环境，而且会影响市民的身体健康！你舅舅跟我说，这些扬尘通过鼻腔和咽喉进入肺部，会引起肺功能改变和神经性系统疾病，而且很多的病菌、病毒正是附着在扬尘表面传染的。对成年人尚且会造成损害，更何况是对你们这些小朋友呢！”听完龙爸爸的话，龙小山点点头，说道：“原来如此，那去投诉让他们早点改正吧，不想要忍受这个灰尘了！”

第二天去上学的时候，江妈妈还特地让龙小山戴上口罩再进学校，说他们今天会去相关部门投诉。龙小山从校门走进去，戴着口罩，似乎也没有吸入灰尘的感受了。清晨金灿灿的阳光从一边照耀过来，隐隐也听到不远处的工地有噪声传来，似乎校园里的树木都不如从前鲜绿了，带着一丝灰蒙蒙的感觉。

“龙小山！”龙小山听见有人在叫自己，一回头发现是同桌施文文，他小跑着赶了上来，龙小山发现他也戴了口罩。“你怎么也戴口罩了，感冒了吗？”施文文摆摆手：“没有，这不是也感觉灰尘太多了嘛。你听说了吗？我们学校昨天有人因为这个哮喘复发了，家长去找老师讨说法呢！说是学校环境不好，我妈妈听说了就让我戴口罩上学。”龙小山瞪大了眼睛，“听你说才知道，我感觉我昨天鼻炎犯了，好像也是因为这个灰尘，我爸爸说可以去找相关部门投诉工地施工不规范……”两个人一边聊着一边走向教室。

下午第一节是班会课，老师来的时候龙小山还没从午睡中真正清醒过来，虽然眼睛睁着，脑子却迷迷糊糊，望着老师背着光走进来。班主任小师老师走到讲台上，就直击主题：“想必你们也感受到了，我们学校这几天因为附近的工地施工，校园内扬尘很严重。针对这个问题，学校也很重视，已经在和相关部门进行交涉，争取早日解决这个问题，同学们这两天在学校尽量戴好口罩。”小师老师一边打开准备好的课件，一边说：“所以我们今天这节课就和大家一起聊一聊扬尘污染。”

“首先，我想听听你们对扬尘污染有多少了解。”龙小山在老师说要讲扬尘污染的时候就不困了，这时候更是积极举手，把龙

爸爸给他讲的危害都说了一通，顺便还提到了自己因灰尘诱发的鼻炎。小师老师说："你说得对，除此之外，扬尘污染还会导致视觉污染、腐蚀金属和影响植物生长等。"姜小禹也站起来讲了他对扬尘污染的认识，大家都跃跃欲试。一一听过同学们的发言后，小师老师很高兴地说："看来你们对扬尘污染的认识还是非常多的，那么接下来由我给大家系统地梳理一下。首先是扬尘，扬尘分为三种……"

后来经过有关部门的沟通，工地被责令整改。首先是停止施工，其次是复工之时确保没有明显的扬尘散布到周围。龙小山路过的时候看见工地围挡上方有喷淋设施在降尘，之前爸爸说过的裸露在外的泥地也进行了覆盖，看上去就像是一条绿被子盖在上面。龙小山来到学校的时候忍不住吸了吸鼻子，不禁感叹鼻子能畅快呼吸真是太好啦。

常警官说

随着城市化的发展，高楼拔地而起，为我们提供居所、游乐场所、办公场所等，但是由此产生的污染也是不可忽视的，建筑施工扬尘已经成为城市大气污染的主要污染源。扬尘是由于地面上的尘土在风力、人为带动及其他带动的影响下而进入大气的开放性污染源，是空气中悬浮颗粒物的重要组成部分。扬尘分为降尘、飘尘和可吸入颗粒物。降尘是指能较快沉降的颗粒物；飘尘是指可能会长期飘浮在空中的颗粒物；可吸入颗粒物是指粒径较小，能被人吸入身体的颗粒物。

扬尘污染对生态环境和人体健康都会产生直接的影响。它对公众健康的危害主要体现为灰尘进入肺部，引起肺功能改变、神经系统疾病等，并通过空气传播疾病；大气颗粒物导致能见度降低，易产生视觉污染。扬尘污染对环境的危害主要体现为空气中灰尘、颗粒物增多容易形成降水，其中的酸性物质可以形成酸沉降，对金属、建筑材料及文物表面具有极强的腐蚀作用；建筑扬尘可能降低绿色植物的光合作用，影响其生长。

我国相关法律规定了施工单位具有扬尘污染防治的义务，但是施工单位受利益驱使，仍然可能规避或者不履行应尽的义务，需要加强对施工单位扬尘行为的监管。在现实生活中，可能很多人对扬尘污染缺乏认知，甚至不了解这是一种污染，更不会认识到它的危害。所以，施工人员可能会因为意识不强而不规范施工，公众也可能因为意识不强，即使发现扬尘污染也会忍耐。因此，我们不仅应当加强监管，积极进行治理，也要提高人们的意识，加强对施工单位扬尘污染防治知识的培训，政府也应当加强宣传，公众也应有意识地监督身边的建筑施工活动，当发现扬尘污染线索时及时向有关部门反映和举报。只有全社会共同努力，才能有效解决扬尘污染问题。

法条链接

《中华人民共和国大气污染防治法》

第二条　防治大气污染，应当以改善大气环境质量为目标，坚持源头治理，规划先行，转变经济发展方式，优化产业结构和布局，调整能源结构。

防治大气污染，应当加强对燃煤、工业、机动车船、扬尘、农业等大气污染的综合防治，推行区域大气污染联合防治，对颗粒物、二氧化硫、氮氧化物、挥发性有机物、氨等大气污染物和温室气体实施协同控制。

第六十九条 建设单位应当将防治扬尘污染的费用列入工程造价，并在施工承包合同中明确施工单位扬尘污染防治责任。施工单位应当制定具体的施工扬尘污染防治实施方案。

从事房屋建筑、市政基础设施建设、河道整治以及建筑物拆除等施工单位，应当向负责监督管理扬尘污染防治的主管部门备案。

施工单位应当在施工工地设置硬质围挡，并采取覆盖、分段作业、择时施工、洒水抑尘、冲洗地面和车辆等有效防尘降尘措施。建筑土方、工程渣土、建筑垃圾应当及时清运；在场地内堆存的，应当采用密闭式防尘网遮盖。工程渣土、建筑垃圾应当进行资源化处理。

施工单位应当在施工工地公示扬尘污染防治措施、负责人、扬尘监督管理主管部门等信息。

暂时不能开工的建设用地，建设单位应当对裸露地面进行覆盖；超过三个月的，应当进行绿化、铺装或者遮盖。

第七十条 运输煤炭、垃圾、渣土、砂石、土方、灰浆等散装、流体物料的车辆应当采取密闭或者其他措施防止物料遗撒造成扬尘污染，并按照规定路线行驶。

装卸物料应当采取密闭或者喷淋等方式防治扬尘污染。

城市人民政府应当加强道路、广场、停车场和其他公共场所的清扫保洁管理，推行清洁动力机械化清扫等低尘作业方式，防治扬尘污染。

延伸思考

1. 你是否被灰尘呛到过？你了解在扬尘中保护自己的方式吗？

2. 想一想有哪些可以抑制灰尘的方法？

16

不能弄脏我们的母亲河

“小山，小山，快起来吃早饭啦！”急促的叫声将龙小山从梦中唤醒。龙小山努力地眨了眨眼，也没能将睡意赶走。望着些许陌生的天花板，小山突然想起现在并不是睡在自己熟悉的床上而是在老家的房子里。原来，小山总听爸爸回忆他年幼时常常在长江边玩耍的情形，非常向往，一直缠着爸爸带他去江边玩玩。终于，爸爸答应趁着假期，带着全家回老家看奶奶，顺便带小山到江边一游。想到这里，龙小山一下子就清醒了，他从床上跃起，用比平时快很多的速度穿好衣服。打开窗户，龙小山感觉一股湿气迎面扑来，远处江面上蒸腾起来的雾气，让小山看不到昨天来时惊叹不已的宽阔江面，白茫茫的雾气似乎掩盖了一切，顿时让小山感觉像误入了仙境一样。

等到出发的时候，雾早已消散。老家的屋子建在高处，往下望去，是一片浓郁的绿色，相比之下，江面则呈现一种绿松石般的青绿；向远方望去，还能看见一座横跨长江的大桥；向上望去则是大幅的“留白”，那是湛蓝的天空。这幅场景让龙小山好像看到了江的另一种模样，去江边的心情更加迫切了。小山催促着：“爸爸，爸爸，我们快出发呀！”

龙爸爸原本想就近带着龙小山到自己小时候江边玩耍的地方去看一看，但细想这么多年过去，长江的水位相比他小时候，已上涨不少，将江边的那一片河沙聚集起来的沙滩淹没，不适宜前去游玩了，于是只好舍近求远。

到了长江边，龙小山蹲下来玩起了沙子。龙爸爸在一旁回想过往：“我小时候和小伙伴一起在长江边上抓螃蟹，捉一桶回去让你奶奶给我们炸螃蟹吃，这种螃蟹叫金沙螃蟹。”龙小山立马直起身体，望向龙爸爸：“螃蟹要怎么抓？到江里吗？我也想抓，能抓到吗？”爸爸告诉龙小山，可以试着在潮湿的石头下面找，或者浅滩的淤泥中也会有。龙小山听到之后很快就在附近的石块中探寻起来。看着龙小山的样子，龙爸爸也想起了从前那些无忧无虑的时光，慢慢地跟在龙小山的后面边走边回忆过往。

望着葱茏的树木，龙爸爸正想拍些照片传给老朋友们，却听到龙小山的惊叫：“爸爸，快来快来，这里好臭！”龙爸爸赶忙三步并作两步，来到了龙小山的旁边，映入眼帘的是一片浑浊的水域，仿佛是灰黑色稀释的泥浆，水面上漂浮着翻了白肚的鱼，散发出混杂着腥味的恶臭。龙爸爸见到如此场面，心中已然有些明白，愤怒的情绪隐隐有爆发的趋势。龙小山问道："爸爸，你不是说长江水是黄色的，怎么这里的水是黑色的？还这么臭，小鱼都臭得出来呼吸新鲜空气了。"

龙爸爸定了定神，说道："走，我们去看看为什么会这样！"然后拉着龙小山往前走，越向前走，刺鼻的味道越强烈，龙小山用手臂捂住口鼻，希望这单薄的衣服可以阻止这股恶臭的味道呼吸进入体内。

走了没一会儿，就听见明显的水流声，长江在这平缓的地带并不会发出这么响亮的声音。果不其然，再往前走两步，龙爸爸和小山就看见两根粗粗的、脏兮兮的黑色管子从岸边探出头来，管道中流出灰黑的废水，很快就把附近江水的颜色染得更深了。

龙爸爸想了想，痛心地拿出手机拨打了"12369"环保投诉热线，将看到的情况一一讲明，而后快速带着龙小山离开了。

终于逃离了直冲鼻腔的刺鼻味道后，龙爸爸才向龙小山解释道："那两根管子里流出的黑水是工厂排放的废水，而且估计是附近的企业偷排的，因为正常排放的废水必须经过特别处理，处理过的废水不会散发臭味，一般也不会对生物有害，像刚才咱们看见的废水应该是未经处理的。这些工厂真是没有一点责任心，江水污染就是他们的'贡献'，所以小鱼都被他们害死了，这才会漂浮在水面上。"

龙小山听到这里，替那些死掉的小鱼感到难过，但是他也很疑惑："爸爸，那这些工厂为什么要这么做啊？"龙爸爸继续解释道："因为这样可以省掉他们处理废水的钱，处理废水需要特殊的设备和设施，需要花费很多钱，偷排污水的企业就是不想花这笔钱，把这些钱省下来，他们可以去赚更多的钱。钱他们是省下了，可是你也看到啦，长江被污染了，这样我们的母亲河就会生病，长江里的生物也因为生态环境恶化就慢慢变少了，甚至以后都见不到或者在地球上消失了，你看那些死掉的小鱼，就知道偷排的企业多可恶了。而且危害还不只这些，如果我们人类用了受到污染的水，也会生病的，还会影响我们的经济发展。"

龙小山听了若有所思，龙爸爸没有打扰他，等着龙小山继续发问。父子两人沉默地走着，突然，小山又问道："那爸爸你刚刚给谁打电话了呀？会有人来管吗？"

龙爸爸笑了，肯定地点点头："我刚打的是环保投诉热线'12369'，这个电话就是国家提供给每个发现污染环境或者破坏生态线索的公民的，方便他们将线索提供给相关部门，这样我们生态环境部门的工作人员就会来处理，找到偷排废水的企业，然后按照法律的规定处罚他们，让他们付出应有的代价。”龙小山点点头，暗暗希望江水能够早日变清，不再让更多的鱼儿遭殃，自己也能够和爸爸一起开心地在江边玩耍。

从老家回来以后，龙小山总是惦记着江水有没有变清，还有没有鱼儿再死掉，时不时地还会梦到那天的场景。终于，熬到放暑假了，龙小山再次央求龙爸爸带他回老家，他一定要去看看那片江水是什么样子。龙爸爸了解小山的心思，爽快地同意了。当他们沿着江边漫步，一直也没有闻到臭味时，小山心里已经确认，病了的长江正在慢慢好起来。再凑近看看江水，江水清澈见底，不停地有小鱼冒头玩耍，四处游晃。龙小山更加开心，欢快地沿着岸边疯跑起来。龙爸爸看着兴奋的龙小山，露出了微笑。

常警官说

随着经济的快速发展，人们的生活水平日益提高，用水需求也急剧上升。如果不能节约用水，就会带来水污染和水危机。水污染不仅降低水质，还会导致生物多样性锐减，污染土壤。当含有有毒有害物质的水、水生生物或者以之灌溉土壤而收获的农作物被人食用，还会危及人体健康甚至是生命。在震惊世界的八大公害事件中，日本的水俣病和骨痛病事件均为水污染引发的严重后果。

废水是水污染的罪魁祸首之一。如果水环境继续恶化下去，首先，我们的生存环境会受到影响，蓝天、绿树、可爱的小动物都会受到影响甚至发生不可逆转的改变。其次，人类的发展也会受到限制。自然界的资源当超出其承载能力时也会耗竭，我们应该提高资源利用率，合理利用资源，保护好绿水青山也就是守护好金山银山。然而，水污染导致的水资源总量急剧减少，水质严重下降，让本就有限的资源更加稀缺，最终会严重阻碍人类的生存与发展。从国家层面看，水是生命之源、生产之要、生态之基，水污染治理关系水安全，是国家安全的重要组成部分。

我国水环境质量状况经历了从中华人民共和国成立初期基

本清洁、20 世纪 80 年代局部恶化、20 世纪 90 年代全面恶化、21 世纪以后全面好转的变化过程。1972 年，周恩来总理批准成立官厅水库水污染治理办公室，是我国水污染治理起步的重要标志，自此我国开始探索中国特色的水污染治理之路。随着改革开放后快速的经济发展，重化工业在沿江沿河地区不合理布局，“五小企业”[①] 在经济发达地区大量出现并成为乡镇企业的主要形式，水污染问题日益严峻。

为避免走“先污染后治理”的老路，我国对水污染治理问题的重视程度也在不断提高。1995 年，以治理淮河为动员令，向水污染宣战；2000 年，南水北调工程确定东线治污、东西中三线的水污染防治与生态保护的任务，把水污染防治工作推向新高度；2008 年修订《水污染防治法》，大量的水污染防治领域的标准出台。党的十八大以来，在大力推进生态文明建设的背景下，水污染治理的重视程度得到进一步提升，已经形成了包括《环境保护法》《水污染防治法》《水法》等法律、行政法规、部门规章和地方性立法以及环境标准在内的水污染防治立法体系。特别是 2015 年，国务院发布《水污染防治行动计划》(通称的“水十条”)，在主要环境要素治理领域，率先明确了水污染治理的行动纲领。

① “五小企业”是指浪费资源、技术落后、质量低劣、污染严重的小煤矿、小炼油、小水泥、小玻璃、小火电等。

“水十条”提出水污染防治“三步走”计划：到2020年，全国水环境质量得到阶段性改善。到2030年，力争全国水环境质量总体改善，水生态系统功能初步恢复。21世纪中叶，生态环境质量全面改善，生态系统实现良性循环。文件重点强调构建“三水”统筹的水环境管理体系。2018年6月，中共中央、国务院印发《关于全面加强生态环境保护　坚决打好污染防治攻坚战的意见》；2018年7月，第十三届全国人民代表大会常务委员会第四次会议通过《关于全面加强生态环境保护　依法推动打好污染防治攻坚战的决议》。党的十九大对推进生态文明建设、加强生态环境保护、建设美丽中国作出全面部署，将打好“污染防治攻坚战”作为我国全面建成小康决胜时期的三大战役之一。党的二十大报告指出，坚持精准治污、科学治污、依法治污，持续深入打好蓝天、碧水、净土保卫战。统筹水资源、水环境、水生态治理，推动重要江河湖库生态保护治理，基本消除城市黑臭水体。目前，我国水污染治理已经取得重大进展，特别是流域性污染治理取得了显著的成效。

长江是中华民族的生命之源，是我们的母亲河，我们绝不可“恩将仇报”。在当代，保护长江等重要水系不仅对生态文明建设具有不可替代的意义和价值，对我国经济社会的可持续发展也具有重要的战略意义。正如习近平总书记指出的，推动长江经济带发展，理念要先进，坚持生态优先、绿色发展，把生态环境保护摆上优先地位，涉及长江的一切经济活动都要以不破坏生态环境为前提，共抓大保护，不搞大开发；长江生态环境只能优化、不能恶化。防治水污染，保障水安全，保护母亲河，我们应当也必须承担起这一历史重任，答好长江污染防治与生态保护的时代问卷。

法条链接

《中华人民共和国水法》

第四条　开发、利用、节约、保护水资源和防治水害，应当全面规划、统筹兼顾、标本兼治、综合利用、讲求效益，发挥水资源的多种功能，协调好生活、生产经营和生态环境用水。

第六条　国家鼓励单位和个人依法开发、利用水资源，并保护其合法权益。开发、利用水资源的单位和个人有依法保护水资源的义务。

《中华人民共和国水污染防治法》

第十一条 任何单位和个人都有义务保护水环境，并有权对污染损害水环境的行为进行检举。

县级以上人民政府及其有关主管部门对在水污染防治工作中做出显著成绩的单位和个人给予表彰和奖励。

第八十三条 违反本法规定，有下列行为之一的，由县级以上人民政府环境保护主管部门责令改正或者责令限制生产、停产整治，并处十万元以上一百万元以下的罚款；情节严重的，报经有批准权的人民政府批准，责令停业、关闭：

（一）未依法取得排污许可证排放水污染物的；

（二）超过水污染物排放标准或者超过重点水污染物排放总量控制指标排放水污染物的；

（三）利用渗井、渗坑、裂隙、溶洞，私设暗管，篡改、伪造监测数据，或者不正常运行水污染防治设施等逃避监管的方式排放水污染物的；

（四）未按照规定进行预处理，向污水集中处理设施排放不符合处理工艺要求的工业废水的。

延伸思考

1. 你在生活中是否见过被污染的水源？你认为怎样才能让它们恢复清澈？

2. 想一想，除了企业排污之外，还有什么在污染我们的母亲河？这个问题应如何解决？

17

被湮没的星空

今天是龙小山放暑假的第一天，龙爸爸说好了要带孩子们去夜爬紫金山，俯瞰城市夜景。

晨光熹微之时，龙小山就兴奋地再也睡不着了。他干脆爬起来去找姐姐江小北。两个人嘀嘀咕咕说起搭帐篷露营，看星空、看日出，都非常期待。江小北想起小时候看的夜空："太好了，我突然想到我们晚上看的夜景不仅有城市繁华的灯光，还有漫天的星星呀！"龙小山笑了："对哦，我好像都没怎么看到过星星呢。看网上的紫金山夜景图片，我们应该也能看见很多很多的星星才对！"

两个人叽叽喳喳，时间在不知不觉中就来到了晚上。晚上气温没有白天高，一家人简单整理了露营装备就出发了。

刚开始的时候，龙小山兴冲冲地直往上冲，渐渐地就没了力气，感受到了山势的陡峭以及爬山的艰难。在龙爸爸、江妈妈不断的鼓励之下，龙小山和江小北终于爬上了山顶。

到了看台，龙小山好像一下又充满了力气。想在看台跑几圈，但是又被山下的夜景所吸引。从围栏往下望，远处的城市建筑一览无余。属于城市的灯光闪耀着，光影流转之间，橙色、蓝色、绿色……龙小山数着，各色的灯光相互映衬。这样的明暗对比，尤可显出城市之繁华。

就在龙小山兴奋地远眺之时，江小北却抬着头仰望星空，想要回味漫天星光的景象。但是，她发现并不像幼年所见那样漫天的星星都在眨眼，而只有稀疏的星星高挂在天边。江小北感到莫名的失落，再望向山下耀眼的灯光时也压抑不了沮丧的情绪，反而觉得在闪耀的灯光之下，星星的光芒显得尤其黯淡。

江妈妈正在跟龙爸爸说话，转头发现江小北情绪不高，拉起她

的手问道："小北，怎么啦？爬山爬累了吗？"江小北望着山下长明的灯光说："本来想爬到山顶看星星的，夜景是很好看，但是星星好少啊，比起山下的灯光就显得更微弱了，怎么跟我记忆中的不一样啦？"

江妈妈沉默了一会儿，"城市里是这样的，想看星星是越来越难，只有到郊区或者山顶才有机会看到。过几天带你们回爷爷奶奶家，那边星星可是又多又亮哦"。江小北听了感到疑惑："妈妈，城市里为什么就难看到星星呢？"

江妈妈叹了口气："其实是因为光污染，听起来很怪吧？我们的生活离不开光，但是光也有副作用，也会产生污染，像人工白昼就属于光污染。你知道什么叫人工白昼吗？和过去人们日出而作、日落而息不同，人工创造的灯光让夜晚也亮如白昼，形成了所谓的不夜城。灯光的普遍使用，让黑夜不再变得黑暗，很多星星就看不到了。"

江小北也从妈妈的话语中感受到了无奈，虽然心中比较沮丧，还是开口道："没关系啦，我们还是离不开光亮啊，只是影响我们看星星，星星又不是每天都必须看的，等我们想看星星的时候，就去有星星的地方看，问题就解决啦！"

江妈妈摸了摸女儿的头："其实，不只是影响你们看星星，光污染的影响很多，不仅对自然环境有影响，对人的影响也很大，比如，视觉环境差，容易近视；容易让人产生不良情绪，甚至有诱发疾病的风险。”江小北呆住了：“啊？那可怎么办？难道我们晚上都不开灯，整个城市一片黑暗才行？那我晚上可不敢出门啦！”

江妈妈笑了：“不同的光污染程度也会不同哦，普通的光还是没问题的。只是政府需要对广告灯和霓虹灯、大功率光源和大功率激光设备的使用进行严格的规划和管理，同时改善照明系统，减少灯光的散射等。这样就可以把光污染控制在合理范围内。只不过，还是需要让大家认识到光污染的危害，也要认识到城市并非灯火通明才好。只有正确认识光的利弊，才能有效治理光污染啊！”江小北若有所思地点了点头。

这时，爸爸和龙小山走了过来，晚风徐徐吹来，一家人静静地在围栏旁欣赏夜景。

常警官说

光也是一种污染物。光帮助我们摆脱黑暗，能够提高生产效率，提升人类的生活质量，但也会因为光的不正确使用而产生污染后果。光污染的出现是与城市发展相伴随的。现代城市快速发展，对光的依赖程度越来越高，城市中摩天大厦的玻璃幕墙、彩色铜版纸的反光、城市的亮化工程等，都有可能带来光污染。

在故事里，江妈妈也提到了诸多光污染的危害。光污染既会对自然环境产生影响，比如，无法看到浩瀚夜空中的星星，破坏生物的繁殖以及生物多样性锐减，还会造成资源的浪费；也会对人体健康产生损害，如失眠、近视、突发性暂时失明以及不适感觉等。在国际上，光污染一般被分成三类，即白亮污染、人工白昼与彩光污染。美国《科学进展》杂志曾指出，世界上 80% 的人口生活在光污染的天空下，在美国和欧洲，这一比例甚至高达 99%。[①] 但是多数人对光污染一无所知，反而欣喜于城市不断建设的摩天大楼、灯火通明的夜晚带来的便利，安然享受城市快速发

---

① 参见《世界候鸟日：聚焦光污染　让候鸟安全迁徙》，载新华网，http://bj.news.cn/2022-10/09/c_1129056901.htm。

展的成果。光污染的危害正在逐步凸显，也逐步被人们认识。从实践来看，我国已经出现了光污染相关的诉讼，一些地方已经出台了防治光污染的规范性文件，也有一些地方性法规对光污染作出初步规定，但总体上还是需要加强光污染立法和制定有关光污染的环保标准。

我们需要继续加强对光污染的研究，也需要反思城市发展中一些对环境保护不利的做法，尤其不能将享受光亮作为理所当然的权利，因为有时我们也需要适度的黑暗。在黑暗中我们才能更直观地感受自然，才能发现被光亮遮蔽的美好，就如江小北希望的那样，重新看到儿时记忆中夜空的漫天繁星。

法条链接

《中华人民共和国民法典》

第二百九十四条 不动产权利人不得违反国家规定弃置固体废物，排放大气污染物、水污染物、土壤污染物、噪声、光辐射、电磁辐射等有害物质。

《中华人民共和国环境保护法》

第四十二条第一款 排放污染物的企业事业单位和其他生产经营者，应当采取措施，防治在生产建设或者其他活动中产生的废气、废水、废渣、医疗废物、粉尘、恶臭气体、放射性物质以及噪声、振动、光辐射、电磁辐射等对环境的污染和危害。

延伸思考

1. 你觉得城市的夜晚应该是什么样的？请大家畅想并试着描绘出你心目中夜晚城市的样子。

2. 你还知道哪些不为大众所了解的污染类型？

18

噪声也是一种污染

放学铃声响起，晚霞烧红了天空，学校沐浴在落日余晖中，同学们三三两两地走出了校园。和往常一样，龙爸爸江妈妈来接龙小山回家。一路上，龙小山蹦蹦跳跳，向爸爸妈妈讲述在学校发生的趣事。快要走到小区时，龙小山突然看到小区旁边的空地上搭起了蓝色的栅栏，小山疑惑地问龙爸爸："爸爸，为什么要把那块空地围起来呀？"龙爸爸耐心地解释："那块空地即将新建一个购物广场哦。"小山开心地说道："太好啦，以后出了小区就可以购物咯！"

回到家后，龙小山走进房间准备完成今天的作业。刚进房门，就听到了建筑工地"哐哐哐""砰砰砰"的施工声，小山苦着脸，向龙爸爸和江妈妈求助："爸爸妈妈，建筑工地的噪声好吵，这样我没办法集中注意力去写作业啦。"江妈妈疑惑地说："今天建筑工地怎么还没到下班时间？小山你要静下心来，过会儿应该就好了。"龙小山点了点头，听话地开始学习。

“哐哐砰砰”，墙上的时针已经指向了11点，可是窗外建筑工地的施工声仍然不停。龙小山打了个哈欠，把书桌上的书收拾好，委屈地看向在旁陪伴自己学习的江妈妈，说道：“妈妈，为什么这么晚了建筑工地还在施工，好吵呀。”江妈妈无奈地摇了摇头，说道：“小山，你快点洗漱，上床睡觉。明天还要早起上学，今天完成作业的时间本来就比以往晚，不要再耽误时间啦。噪声的问题，我去和爸爸商量商量。”江妈妈说完便离开了房间，去和龙爸爸商量对策。他们决定，如果明天建筑工地还是施工到深夜，就要报警求助。深夜，龙小山在床上翻来覆去，在噪声的打扰下难以入睡。

第二天一早，龙爸爸睡眼惺忪，顶着深深的黑眼圈看了闹钟。坏了，龙小山上学快迟到了！由于前一天晚上睡眠质量很差，龙小山一家人都没能及时在第二天早上按时起床。龙爸爸赶快将龙小山从睡梦中叫醒，匆匆忙忙吃完早饭，赶紧把龙小山送去学校。到了学校门口，保安正准备关门，龙小山向龙爸爸道了句再见就飞奔向教室。

龙爸爸站在门口擦了擦额头上的汗珠，抬起手表看了眼时间，虽然龙小山卡着点进入学校，但是龙爸爸上班迟到了，免不了挨一顿批评。龙爸爸心想：不按时结束施工的建筑工地对周围居民的影响实在是太大了，晚上建筑工地的噪声吵得居民难以入睡，真是将大家的生活拧成了一团乱麻。

龙小山由于昨天晚上睡眠情况较差，一整天都昏昏沉沉，没有办法集中精力听老师讲课。放学后，龙小山对龙爸爸和江妈妈说："我今天过得很糟糕，真希望建筑工地按时结束施工。"龙爸爸表示同意，说道："爸爸今天上班也犯了很多错误，今天晚上如果建筑工地还是违规施工，我们就找警察叔叔。"龙小山眼睛一亮，说道："好耶！"微风轻轻吹过，带起片片落叶，龙小山的脚步也跟着轻快起来。

等龙小山一家人回到家，果不其然，今天晚上建筑工地仍然在违规施工，龙爸爸决定打电话报警。在向警察详细叙述完建筑工地违规施工的背景后，警察表示将会联系相关部门前往建筑工地了解情况，如果情况属实，将责令建筑工地停止夜间违规施工。龙小山一家三口十分高兴，期待问题能够得到解决。在此期间，龙爸爸向龙小山和江妈妈科普了有关噪声的知识："你们知道吗？噪声是环境污染的一种。噪声污染不仅会对我们的生活造成明显的影响，甚至还将对我们的身体健康产生威胁，我们不能小看噪声带来的危害。"

不一会儿，警察和相关部门的工作人员来到建筑工地，向施工单位说明深夜施工是违法的，建筑工地的施工噪声便停止了。龙小山激动地说道："警察叔叔太棒了！噪声真是太可恶了！我以后一定会注意，不能在公共场合发出噪声，打扰别人。”龙爸爸欣慰地点了点头，夸赞道：“小山，你很懂事。你说得对，一方面，噪声污染也是一种严重的环境污染，我们要保证自己不制造噪声；另一方面，面对噪声污染时，我们也要学会利用法律来保护自己。”

常警官说

社会生活、工业生产、交通运输等是噪声的主要来源。目前，我国城市基础建设规模大，项目多，建筑施工噪声问题突出，各类生产活动也产生严重的噪声污染；作为人口大国，城市人口密集度高，生活中难免产生大量噪声；大城市路网复杂，车辆拥堵现象普遍，汽车鸣笛声与各类交通运输工具运行时产生的干扰周围环境的声音等构成了交通噪声污染。

噪声污染具有以下特点：首先，噪声产生的环节多，瞬时性强，难监管；其次，噪声污染影响范围广，一个点造成的噪声会影响一个面的群体；再次，噪声污染较易中止，只要停止噪声源活动即可解决噪声污染；最后，噪声污染还与人们所处的状态和主观感受高度相关，比如，广场舞播放的乐曲，跳舞的人会陶醉其中，而周围的住户大多会觉得受到了噪声的干扰。噪声会对人们的生活产生多方面影响，对人体的危害尤其应受到重视。严重的噪声会影响我们中枢神经的功能，导致失眠、多梦、头痛等。长期的噪声影响还会对我们的耳道和听觉系统造成不可逆的伤害，导致神经性耳鸣，甚至耳聋。

为防治噪声污染，我国制定了《噪声污染防治法》。此外，《民法典》《环境保护法》等多部重要法律也都对噪声污染作出了规定，构筑起了防治噪声污染的制度体系。

除建立健全制度之外，防治噪声污染也需要公众意识的整体提升，自觉减少生活噪声排放。只有全社会共同努力，才能降低噪声污染带来的危害，也才能有效防止噪声污染的产生。随着公众环保意识的提升，我们也可以看到越来越多主动降噪的文明之举。如有的广场舞组织者为参加者配备蓝牙耳机，既不产生噪声，也满足了群众的健身需求；有的社区规定，不在休息时间和周末进行装修等活动，把噪声严格控制在一定限度内。相信通过大家的共同努力，我们一定可以打造更加美丽宜居的生活环境。

法条链接

《中华人民共和国民法典》

第二百九十四条 不动产权利人不得违反国家规定弃置固体废物，排放大气污染物、水污染物、土壤污染物、噪声、光辐射、电磁辐射等有害物质。

《中华人民共和国环境保护法》

第四十二条第一款 排放污染物的企业事业单位和其他生产经营者，应当采取措施，防治在生产建设或者其他活动中产生的废气、废水、废渣、医疗废物、粉尘、恶臭气体、放射性物质以及噪声、振动、光辐射、电磁辐射等对环境的污染和危害。

《中华人民共和国噪声污染防治法》

第二条 本法所称噪声，是指在工业生产、建筑施工、交通运输和社会生活中产生的干扰周围生活环境的声音。

本法所称噪声污染，是指超过噪声排放标准或者未依法采取防控措施产生噪声，并干扰他人正常生活、工作和学习的现象。

第九条 任何单位和个人都有保护声环境的义务，同时依法享有获取声环境信息、参与和监督噪声污染防治的权利。

排放噪声的单位和个人应当采取有效措施，防止、减轻噪声污染。

《中华人民共和国治安管理处罚法》

第五十八条　违反关于社会生活噪声污染防治的法律规定，制造噪声干扰他人正常生活的，处警告；警告后不改正的，处二百元以上五百元以下罚款。

延伸思考

1. 你的身边是否有令人烦恼的噪声？请列举几种情形。

2. 当你的生活中出现噪声时，你应该怎么做？

19

向一次性塑料制品说“不”

“喵呜……”流浪猫六六瑟缩在灌木丛里，略带些嘶哑地叫了一声，声音很快被凛冽的北风裹挟而去。六六把身子蜷缩得更紧了，寒风冲刷过六六有些暗淡的毛，却没能带走怀中的一丝温暖——那里有六六的三个孩子。

“喵……”小猫咪奶声奶气地在妈妈怀里伸了个懒腰，丝毫不知道母亲的担心。六六带着孩子们来到这里已经有一段时间了，原来居住的地方因为城市规划已然变成了一片建筑工地，母子无处栖身，六六找了很久才在这个小区找到一个勉强能安顿它和孩子们的地方，路边的绿化带还能为它们提供些许庇护。

一个临时的小家有了。现在，吃饭成了六六最烦心的问题，它自己已经饿了两天了，一会儿睡醒的孩子们又能吃什么呢？“喵……”六六把熟睡的孩子们往草丛里推了推，从附近找来些杂物堆在孩子们身边。它要在小区里找到些食物。冒着寒风，六六缩了缩脖子，离开了绿化带。

六六在小区里漫无目的地搜寻着，这时，在小区里和小伙伴们玩耍的龙小山第一个发现了它："呀！你们看，这有一只猫诶！"龙小山惊呼道，小伙伴们迅速地围了过来。

"你们看呀，它好漂亮！"

"猫猫怎么脏兮兮的，它是不是走丢了呀！我们帮它回家吧。"

……

大家七嘴八舌地议论着，"喵！"六六叫了一声，带着警惕和不悦，这些人围着不走干嘛呢，它已经很饿了。

"猫猫可能饿了！"龙小山看着有些灰头土脸又瘦兮兮的六六，掏出了口袋里的零食，拆开袋子，轻轻地放在了地上。

六六向后退了一步，眼神略带警惕，看着龙小山蹲在那里也不动，六六试探地伸出爪子碰了碰地上的零食，接着把脑袋探过去嗅了嗅，在确认了能吃后，六六开始大快朵颐地吃起来。从那以后，每天龙小山都会下楼给六六送些吃的。六六跟龙小山熟悉起来，每次看到龙小山，都会跑过去蹭蹭。

快要放寒假了，龙小山忙于期末考试，已经有些天没有给六六送吃的了。失去了龙小山的喂养，六六又要在偌大的小区寻找吃的了。

一番搜寻，六六发现了一个摆放在路边的小袋子，袋子里还剩了些小鱼儿，六六迅速窜到了袋子边，迫不及待地准备填饱肚子。“嗷！”一大口咬下去，“怎么没有味道？”六六心里有些好奇，但是还在绿化带里藏着的孩子容不得它多加思索，它用爪子按住，用牙拽着，一丝丝鱼的鲜味迅速充满六六的口腔。六六咬得更起劲了，却不知道这点吃的会差点要了它的命！

被撕碎的塑料袋子随着鱼肉一同被六六咽下，很快，六六就感到不舒服了。“喵呜……喵呜……喵……”六六难受地呻吟着，六六的异样引起了和爸爸一起下楼扔垃圾的龙小山的注意。

“爸爸，你看那边那只猫猫怎么了呀？”龙小山指着六六的方向。再仔细一看，龙小山发现竟然是熟悉的六六。“呀，是六六！六六你怎么了？怎么这样啊？”龙小山焦急地喊着。

爸爸也赶紧跑到了挣扎着的六六身边。爸爸环顾四周，发现

地上有一片已经有点凝固了的汤汁，应该是从袋子里漏出来的，因为原本完整的塑料袋被咬开了一个口子，缺口处的塑料却不翼而飞。“它可能不小心吃了塑料袋！”龙爸爸迅速猜到了六六的遭遇。“喵呜……”六六的声音又微弱了几分。

“爸爸，我们快帮帮它呀！”小山的声音更加焦急了。

“快走。”爸爸抱起六六，带着龙小山向宠物医院奔去。

“医生医生，快帮帮这只猫猫！快帮帮它！”小山一推开门就喊着。“小山，别打扰别的小动物！”爸爸沉声道，“让爸爸和医生叔叔说清楚这只猫猫怎么了。”一阵简短的交流，六六被医生迅速带到了手术室。爸爸带着龙小山坐了下来：“小山，你知道猫猫为什么这么难受吗？”

小山摇了摇头：“不知道呀，爸爸。”“它应该是太饿了，不小心吃了被它撕破的塑料！”爸爸回答。“呀，那六六会不会被噎死呀！”小山声音中已经带上了一丝哭腔。“不会的，不会的。医生会帮助它的！”爸爸安慰着小山。

“小山，你知道吗？这些塑料袋不仅可能危害小动物的健康，它们还会堵塞下水道，让我们的城市变成垃圾场。如果把这些塑料垃圾埋到地下，这些塑料可难降解了，它会带来土壤和地下水污染，使土地贫瘠化；如果把这些塑料袋焚烧，还会释放二噁英等物质，造成空气污染，严重的还可能致命呢；如果这些塑料制品漂到了海洋里，你喜欢的那些鲸类等海洋生物也会像六六这样，甚至可能在无人救助的情况下就丧生了！”爸爸教育着小山。

“爸爸，以后我们家不能用塑料袋了！”龙小山坚定地说。

不一会儿，医生从手术室出来了，告知龙小山父子俩他们已经用镊子取出了卡在六六喉咙里的塑料碎片，还喂了六六一些营养剂。

致命的塑料袋被取出后，六六慢慢地恢复了活力。“喵……”六六用头蹭了蹭龙小山。爸爸见状说：“走，小山，我们回家吧。以后记得少用一次性塑料制品哦！”

回到小区，爸爸把六六放到了地上，“喵……喵……”六六绕着爸爸和龙小山转了两圈，飞快地向绿化带奔去。

常警官说

在现代社会，人们的日常生活中充斥着各种一次性制品。这些一次性制品给我们的生活带来了极大的便利：我们饿了就可以点外卖，使用一次性饭盒、一次性筷子和一次性塑料袋；我们渴了，就可以点杯饮料，使用一次性纸杯、一次性吸管；我们两手空空就可以去买东西，花上几毛钱买上一个塑料袋，东西就可以拎回家了。所以，很多人不仅使用一次性制品，而且已经习惯了享受便利，甚至离不开这种便利的生活了。

但是，我们不要忘了，享受这些便利的同时，伴随的还有污染环境的副作用。一次性制品的制造和使用完成了资源向垃圾的转化，不仅造成巨大的浪费，更重要的是给我们赖以生存的生活环境带来严重的危害。以塑料快餐盒为例，1986 年在铁路客运中使用后，很快就因便利和价格低廉而得以广泛使用，其结果就是大量的白色餐盒被丢弃于铁路沿线，产生严重污染。随着人们生活水平的不断提高，以塑料袋为主的白色垃圾已经在我们的生活中造成了严重的污染问题。它会引发土壤污染、水污染和大气污染，影响城市环境和生物安全，造成土壤肥力下降和荒漠化，带来水体富营养化、水生生物死亡，致使生物多样性锐减等。通过焚烧释放的二噁英等有毒有害物质，其毒性是砒霜的 900 倍，不仅造成大气环境质量的恶化，更重要的是损害人体健康。其中，一次性的塑料制品危害更大，因为塑料难以生物降解，其降解周期很长。

要保护我们赖以生存的地球，就必须认识到这种一次性制品的危害，更要切实防治一次性制品带来的白色污染。这就需要我们每个人从自身做起，舍弃所谓的便利，减少甚至是杜绝一次性制品的使用。特别是在大力推进生态文明建设的背景下，要建设美丽中国，实现人与自然和谐共生的现代化，就必须向一次性塑料污染说“不”。

相关立法、政策性文件及标准制度也在不断完善中。值得一提的是，我国“限塑”政策不断趋严。2001 年，原国家经贸委要求立即停止生产一次性发泡塑料餐具。2007 年 12 月和 2008 年 5 月，国务院办公厅发布《关于限制生产销售使用塑料购物袋的通知》，商务部、发改委及原国家工商总局公布《商品零售场所塑料购物袋有偿使用管理办法》，其中包含了在全国范围内禁止生产、销售、使用厚度小于 0.025 毫米的超薄塑料购物袋以及实行塑料购物袋有偿使用制度等规定。2013 年，国家发改委又发布了《产业结构调整指导目录》，从淘汰类目录中删除了一次性发泡餐具。2020 年 1 月，国家发改委和生态环境部印发《关于进一步加强塑料污染治理的意见》。文件提出，到 2022 年，一次性塑料制品消费量明显减少，替代产品得到推广，塑料废弃物资源化能源化利用比例大幅提升；在塑料污染问题突出领域和电商、快递、外卖等新兴领域，形成一批可复制、可推广的塑料减量和绿色物流模式。到 2025 年，塑料制品生产、流通、消费和回收处置等环节的管理制度基本建立，多元共治体系基本形成，塑料污染得到有效控制。其中，还规定了不可降解塑料袋，一次性塑料餐具，宾馆、酒店一次性塑料用品和快递塑料包装等塑料制品的分批分阶段限制和禁止使用。期待通过大家的共同努力，减少使用甚至是不使用一次性塑料制品，从根本上解决塑料污染问题。

法条链接

《中华人民共和国环境保护法》

第三十六条 国家鼓励和引导公民、法人和其他组织使用有利于保护环境的产品和再生产品，减少废弃物的产生。

国家机关和使用财政资金的其他组织应当优先采购和使用节

能、节水、节材等有利于保护环境的产品、设备和设施。

《中华人民共和国固体废物污染环境防治法》

第三条 国家推行绿色发展方式，促进清洁生产和循环经济发展。

国家倡导简约适度、绿色低碳的生活方式，引导公众积极参与固体废物污染环境防治。

第四条 固体废物污染环境防治坚持减量化、资源化和无害化的原则。

任何单位和个人都应当采取措施，减少固体废物的产生量，促进固体废物的综合利用，降低固体废物的危害性。

第四十九条第一款 产生生活垃圾的单位、家庭和个人应当依法履行生活垃圾源头减量和分类投放义务，承担生活垃圾产生者责任。

延伸思考

1. 想一想，生活中哪些情况下需要使用塑料袋？能否替换成可重复使用的袋子？

2. 根据你的了解，塑料袋存在哪些危害？